Veronika Langguth

So können wir uns gut verstehen

Veronika Langguth

So können wir uns gut verstehen

Die Sprache des Körpers in der Partnerschaft

Kösel

ISBN 3-466-34399-2

© 1998 by Kösel-Verlag GmbH & Co., München
Printed in Germany. Alle Rechte vorbehalten
Druck und Bindung: Kösel, Kempten
Umschlag: Kaselow Design, München
Umschlagmotiv: Peter Correz/Tony Stone Bilderwelten
Fotos im Innenteil: Tania Hertling, Berlin

1 2 3 4 5 · 02 01 00 99 98

*Gedruckt auf umweltfreundlich hergestelltem Werkdruckpapier
(säurefrei und chlorfrei gebleicht)*

Inhalt

3
Gegensätze ziehen sich an –

4

Die schöne weite Welt unserer Gedanken und Gefühle

5

Wort-Wahl oder Wort-Qual?
Gesprächsführung – mit dem Körper 130

6

Wie viel Raum brauchen Sie?
Nähe und Distanz 155

7

Weniger Stress – mehr Zeit

Vorbemerkung

Zur männlichen und weiblichen Schreibweise: Da ich mich mit der herkömmlichen, »männlichen« Form zwar nicht identifizieren kann, andererseits immer wieder erlebe, dass die neuere Variante der Hintereinanderreihung »männlich«/»weiblich« den Lesefluss erheblich beeinträchtigt, wende ich hier eine Mischform an, indem ich beide Schreibweisen bewusst abwechsle. Fühlen Sie sich also bitte in jedem Fall – ob Frau oder Mann – immer angesprochen.

Vorwort

Die Beziehungsgeflechte im menschlichen Leben sind seit langem aus verschiedenen Blickwinkeln untersucht und eingehend beschrieben worden. Dennoch gibt es immer wieder neue Hinweise. So macht das nun vorliegende Buch von Veronika Langguth auf einige bisher weniger beachtete, aber wesentliche Zusammenhänge aufmerksam.

Wer war sich zum Beispiel schon bewusst, in wie starkem Maße eine erhöhte Aufmerksamkeit für den eigenen Atem nicht nur das persönliche Wohlbefinden zu steigern vermag, sondern zugleich verbesserte Voraussetzungen für die körperbewusste Kommunikation im privaten und beruflichen Umfeld schafft? Die Autorin widmet sich diesen Aspekten mit großer Intensität. Sie überzeugt durch die unverkennbare Breite ihres fachlichen Wissens sowie darüber hinaus durch den Erlebniswert ihrer Verhaltensempfehlungen.

Als vorrangiges Anliegen wird das Bestreben erkennbar, bei den Leserinnen und Lesern Selbstfindungs-, Selbststeuerungs- und somit Selbsterneuerungsfähigkeiten zu fördern. Auf anschauliche und einprägsame Weise gelingt es ihr, die innerhalb einer Partnerschaft auftauchenden Situationen des täglichen Lebens in Beziehung zu Körperwahrnehmungen zu setzen. Hieraus entwickelt sie glaubhafte, nachvollziehbare und somit zur praktischen Anwendung überaus motivierende Handlungskonzepte.

Das Buch veranschaulicht ein breites Wirkungsspektrum positiver Wechselbeziehungen innerhalb der gewählten Themenkomplexe, aber auch darüber hinaus. Es regt zum Nachdenken über die Bedeutung einer möglichst konfliktfreien privaten Partnerschaft sowie gesellschaftlichen Kommunikation für das Wohlbefinden des Individuums in allen seinen Daseinsbereichen an. Insofern bietet es wichtige Impulse für die Verwirklichung jener ganzheitlichen Lebensrezeptur, welche unter dem inzwischen international geläufigen (ursprünglich amerikanischen) Begriff »Wellness« optimale Voraussetzungen für

▶ körperliches Leistungsvermögen

▶ geistige Beweglichkeit

▶ seelische Belastbarkeit

▶ konstruktive Arbeitseinstellung

▶ harmonisches Privatleben

▶ Einklang mit der Umwelt

aufzeigt. Angesichts dessen ist es gewiss kein Zufall, dass sich Veronika Langguth schon vor einigen Jahren der auf unserem Kontinent tätigen EUROPÄISCHEN WELLNESS UNION (EWU) als Mitglied angeschlossen hat. Als Präsident dieser Organisation wünsche ich ihrem Buch – beginnend mit dem deutschen Sprachraum – breiten Erfolg und viele Anwender.

Dr. Siegfried Malich, M. Sc.
Juli 1998

Eine Geschichte

Stellen Sie sich einmal vor, Sie stehen zur Zeit des stärksten Berufsverkehrs auf dem Bahnsteig der U-Bahn. Der Zug fährt ein, und Sie erwarten das übliche Bild: gehetzte, müde, hungrige Menschenmassen, die sich aus dem Zug drängen – ernste, traurige, frustrierte Gesichter.

Aber was ist das? Sie beobachten, wie eine fröhliche Menschenschar munter und lebhaft gestikulierend aus dem Zug steigt – ja hüpft –, mit glänzenden Augen, wach, lebendig. Einige (erstaunlich viele) umarmen sich, bevor sie den Bahnsteig verlassen. Es ist jedoch nicht die Ausgelassenheit einer Reisegruppe oder eines Karnevalsvereins, die hier spürbar wird, nein, dies hier ist eine andere Art Freude, die sozusagen von innen heraus leuchtet – man könnte dafür das Wort »Heiterkeit« gebrauchen.

Das macht Sie neugierig. Sie fragen eine Dame aus der Gruppe, welche besondere Gemeinschaft dies sei, sie würden sich ja sicher alle schon lange kennen und bestimmt einen angemessenen Grund für die offensichtliche Freude haben. Die so Angesprochene lächelt: »Wir kennen uns kaum, aber wir haben gerade ein bisschen miteinander geatmet.« »Wie bitte? Das ist wohl wieder solch ein esoterischer Verein oder gar eine Sekte?«, fragen Sie misstrauisch. »Aber nein!«, schüttelt sie den Kopf und erzählt:

»Ich war während der Zugfahrt mit meiner Arbeitskollegin ins Gespräch vertieft, als sich direkt neben uns eine Frau bei ihrem Begleiter über ihre Nackenschmerzen beklagte und dieser kurzerhand begann, ihr kräftig über den gesamten Rücken zu streichen und ihn mehr oder weniger stark zu ›beklopfen‹. Ein paar Schulkinder fanden das offenbar witzig und ahmten es mit wachsendem Vergnügen nach. Das erheiterte meine Kollegin und mich wiederum dermaßen, dass wir nun unsererseits begannen, uns gegenseitig den Rücken zu ›beklopfen‹. Es fühlte sich so wunderbar an, dass wir den Mut fassten, diese Wohltat auch anderen – mittlerweile uns fast flehentlich auffordernd anblickenden – Mitfahrenden anzubieten. Und siehe da, nach und nach entstand ein Bild von vergnügten, sich gegenseitig den Rücken klopfenden Menschen, man hörte Äußerungen wie: Jetzt habe ich überhaupt erst einen Rücken – Oh wie schön warm – Ah, das tut gut – Ich kann wieder aufatmen – Jetzt bin ich wieder wach – Bitte nicht aufhören! Die Stimmung im Zug war total umgeschlagen, aber was erzähle ich Ihnen da, Sie haben das Ergebnis ja mit eigenen Augen gesehen.«

»Danke, erstaunlich«, murmeln Sie, »aber was hat das alles mit Atmen zu tun?« »Wissen Sie was, ich zeig es Ihnen mal« – und schon spüren Sie, wie die fremde Dame in unbeschreiblich angenehmer Weise Ihren Rücken berührt: streichend, klopfend, massierend – es tut so gut, dass es Ihnen mittlerweile egal ist, dass Sie ja eigentlich in Ihren Zug steigen wollten und Sie nun außerdem auch noch einige Beobachter haben. Aber nicht mehr lange – die Sache scheint ansteckend zu sein: Bald erleben Sie, wie allmählich mehr und mehr der auf dem Bahnsteig anwesenden Menschen sich gegenseitig den Rücken bearbeiten – Mann und Frau, Alt und Jung, quer durch alle sozialen Schichten. Und der Atem? Den spüren Sie hinterher, nicht nur, dass er kräftiger geworden ist – Sie nehmen wahr, dass Ihr ganzer Rücken atmet – vielleicht zum ersten Mal in Ihrem Leben ...

Ist diese Geschichte ein Traum? Eine Illusion?
Vielleicht. Vielleicht auch nicht.

Einleitung

Wie wichtig ist es Ihnen eigentlich, Ihren Körper zu spüren? In welchen Situationen nehmen Sie dabei Ihren Atem wahr? Und bleibt das auch noch so, wenn Sie mit Ihrem Partner, Ihrer Partnerin oder anderen Menschen zusammen sind?

In der Regel spüren wir unseren Körper nur dann, wenn wir Schmerzen haben, Sport treiben, müde sind, essen oder uns sexuelle Lust verschaffen. Unser Atem wird uns höchstens bei großer körperlicher Anstrengung bewusst. Gemeinsam mit unserem Partner, unserer Partnerin genießen wir wohl mit »Haut und Haaren« Zärtlichkeit und Lust, und im Kontakt mit anderen wird uns vielleicht auch mal vor Aufregung flau im Magen, aber das wärs dann schon, normalerweise. Dabei kommunizieren unsere Körper ständig miteinander: Unsere unbewussten Körperwahrnehmungen bestimmen zum Beispiel über Distanz und Nähe zu anderen. Aber das dringt selten in unser Bewusstsein.

Wozu könnte es denn gut sein, Ihren Körper öfter bewusst zu spüren und körperbewusster zu leben? Zunächst einmal genießen und kosten Sie angenehme Empfindungen viel mehr aus. Und wenn sich etwas unangenehm anfühlt, nehmen Sie das viel eher wahr und reagieren sofort darauf: Sie schützen sich noch in derselben Situation durch Wort oder Tat.

Sie verstehen die Sprache Ihres Körpers viel besser.

Es ist Ihnen möglich, sich immer wach und lebendig zu fühlen und im Augenblick zu leben. Sie können wieder (als Kind ging das nämlich noch) Ihre Gedanken und Gefühle und alles, was Sie haben und sind – im wahrsten Sinne des Wortes ver-körpern (natürlich nur, wenn und wann Sie das wollen). Vielleicht entdecken Sie sogar über Ihren Körper, wer Sie wirklich sind ...

13

Wie könnten Sie nun mit einem derartigen Körperbewusstsein Ihrem Partner begegnen – wie sähe eine solche körperbewusste Kommunikation aus? Dadurch, dass Sie sich selber besser spüren und in der Lage sind, die Sprache Ihres eigenen Körpers zu deuten, verstehen Sie auch viel besser die Körpersprache Ihres Partners. Sie können sich viel intensiver als vorher in ihn oder sie einfühlen – »mitschwingen«. In jeglicher Begegnung – ob im Gespräch, in der Stille, beim Sex oder beim Spazierengehen – wird es Ihnen aber auch möglich, mehr zu sich selbst, Ihren eigenen Empfindungen, Gefühlen, Gedanken etc. zu stehen. Sie verlieren sich nicht so schnell im anderen, grenzen sich besser ab, es fällt Ihnen aber auch viel leichter, einmal gezogene Grenzen wieder zügig zu öffnen, falls diese irgendwann einmal unnötig wären. Sie reagieren also unmittelbarer und leben dabei Ihre ganze Empfindungsfülle.

Körperbewusste Kommunikation nach Veronika Langguth® bedeutet also weitaus mehr als ein bloßes Wissen über Körpersprache und ihre Auswirkungen. Und wozu wäre es sinnvoll, wenn Sie dabei mehr auf Ihren Atem achten?

Das Atmen – als Antrieb für alle unsere Lebensfunktionen – ist der unmittelbarste Weg zu unserem Körper.
Je besser wir unsere Atembewegungen wahrnehmen können, desto deutlicher spüren wir uns auch. Sie würden also mit einiger Übung und im Laufe der Zeit ein gesteigertes Empfindungsbewusstsein entwickeln – für alles, was sich in Ihrem Körper abspielt. Das wiederum könnte Ihnen wesentlich helfen, auch dann in Ihrer Körperspürung zu bleiben, wenn Sie mit Ihrem/r PartnerIn – in welcher Weise auch immer – zusammen sind.

Auf unser »Lebenselixier Atem« zu achten
bildet die Grundlage jeglicher körperbewussten Kommunikation.

14

Der Schwerpunkt in diesem Buch liegt zwar auf der Partnerschaft. Aber da Sie ja auch mit anderen Menschen ständig in Kontakt sind – mit Freunden, der Familie, mit Verwandten, Bekannten und Fremden, im Alltag und im Beruf –, lassen sich die Übungen, Anregungen und Hinweise auch auf diese Kontakte und Begegnungen, das heißt auf allgemeine Situationen hin anwenden.

Auch wenn Sie zurzeit ohne Partner oder Partnerin leben, sind Sie durch diese Lektüre besser auf eine mögliche künftige Partnerschaft vorbereitet.

Somit kann dieses Buch der Steigerung Ihrer Sensibilität, Erlebnisfähigkeit und Ausdrucksfähigkeit dienen – und das insbesondere in Ihren Beziehungen. Sie werden lernen, sich im täglichen Zusammenleben mit Ihrem Partner intensiver als zuvor wahrzunehmen. Es ist zwar nicht immer leicht, diesen Anspruch im Alltag aufrechtzuerhalten – insbesondere, wenn Sie Kinder haben und Ihre Aufmerksamkeit in viele Richtungen lenken müssen. Doch ein lebendiges partnerschaftliches Miteinander beeinflusst natürlich auch den Umgang mit Kindern und wirkt sich insgesamt positiv auf das Familienleben aus.

Bereits während Sie die Tipps und Übungen intensiv studieren und praktizieren, werden Sie unvergleichlich mehr über sich selbst und den Umgang mit Ihrem Partner wissen, es leben und dadurch natürlich auch attraktiver und begehrenswerter für die oder den anderen sein. Auch mit Ihren Mitmenschen werden Sie einfühlsamer und geschickter als vorher umgehen können: Genau wie Ihren Partner können Sie auch alle anderen »Partner«, mit denen Sie in Beruf und Alltag zu tun haben, viel besser einschätzen, und das wirkt sich natürlich auf alle Ihre Handlungen äußerst förderlich aus.

1

Kommunikation ohne Empfindung –

Partnerschaft ohne Gespür?

Bitte erschrecken Sie nicht, wenn ich jetzt über mehrere Seiten hinweg zunächst ein ziemlich düsteres Bild über die heutigen Partnerschaften zeichne! Mir liegt nicht daran, zu jammern, sondern ich möchte vielmehr dem weit verbreiteten Leiden – insbesondere bezüglich eines mangelnden Körperempfindens – eine Stimme geben. Sie sind also hiermit herzlich auf eine analytische Reise eingeladen. Im Anschluss daran wird es von Lösungsmöglichkeiten dann nur so wimmeln ...

Beziehungen heute:
Der allgemeine große Spürverlust

Beziehungen sind heute mehr denn je von Erschütterungen und Krisen geprägt. In Deutschland werden jährlich zirka 170 000 Ehen geschieden, 13 Prozent der Kinder wachsen bei einem Elternteil auf (meistens der Mutter, wobei fast 60 Prozent der Väter nach der Scheidung den Kontakt zu ihren Kindern abbrechen!), über ein Drittel aller Haushalte besteht aus einer Person.[1]

Was führte uns denn überhaupt in »die Krise(n)«? Und welche Rolle spielt unser Körperbewusstsein dabei? Eine wesentliche! Wir leiden heute an einem weit verbreiteten Verlust des Sich-selber-Spürens sowie – des auch damit verbundenen – gegenseitigen Spürens. Die Folge: Entfremdung – von unseren Mitmenschen, der Natur, der Tier- und Pflanzenwelt, letztlich von uns selbst. Betrachten wir zunächst einmal die heutigen Krisen und mögliche Gründe für die Entfremdung:

1. Gewandelte Kommunikationsformen: Unsere Kommunikationsweisen haben sich besonders innerhalb der zweiten Hälfte dieses Jahrhunderts entscheidend gewandelt. Sie fordern uns zum ständigen »Dranbleiben« auf, und damit fühlen sich viele und besonders ältere Menschen überfordert: Alle 3 bis 5 Jahre *verdoppelt* sich die Informationsmenge. In welch rasender Zeit haben wir uns von Computern und Nachrichtensystemen abhängig gemacht! Doch wenngleich unsere Augen und Ohren heute das Vergnügen haben, in Windeseile weltweite Informationen zu erhalten, so ersetzen die Medien doch nie das hautnahe Spüren:

> Wir sehen und lesen zwar die Botschaften,
> aber wir *erleben* sie nicht wirklich.

Nur wenige von uns fragen sich kritisch, welche Informationen sie eigentlich wirklich *spüren* wollen. Wir alle brauchen, wünschen regelmäßig die neuesten Informationen über das Tages- und Weltgeschehen, nur – wie bekommen wir sie beispielsweise im Fernsehen dargeboten? Wir werden überflutet von häppchenweise zubereiteten Nachrichten, die zuvor von bestimmten Interessengruppen gründlich gefiltert wurden: ein bisschen Tages- und Weltpolitik, gewürzt mit einer Prise Sensation, fein abgeschmeckt mit etwas Spiel, Spannung und persönlichen Dramen. Diese bunte Mischung bringt zwar die erwünschte Gänsehaut, ist aber letztlich in ihrer Willkür für den Einzelnen von fraglicher Bedeutung – was ist denn nun wirklich auf der Welt los? Nur wer weltweite persönliche Beziehungen pflegt und/oder eine ausgezeichnete Intuition hat, findet hier Lösungen und befriedigende Antworten.

2. Ver-Ding-lichung: Durch den verstärkten und weltweit verbreiteten Gebrauch von Maschinen ver-ding-lichen sich die Kommunikationswege:

Statt der Hand packt die Maschine die Schokolade ein –

und die moderne Eva lässt den Apfel vom Roboter pflücken (vielleicht sogar virtuell ...). Stellen Sie sich heute einmal Leben ohne Strom vor! Der Einsatz von Maschinen, künstlichem Dünger und Gentechnik wiederum verlockt zu hemmungsloser Ausbeutung von Ressourcen in Natur und Mensch, trennt ursprünglich einmal vorhandene Wirkungszusammenhänge und zerstört dadurch womöglich unsere natürlichen Lebensgrundlagen.

3. Identitätsverlust und Egoismus: Die moderne Überflusswirtschaft reduziert den Menschen als Gemeinschaftswesen auf das, was er konsumiert und leistet, und leicht wird ihm das Gefühl vermittelt, in jeder Weise austauschbar zu sein. Die humane Vielfalt läuft Gefahr, verloren zu gehen, und viele Menschen empfinden so etwas wie Identitätsverlust.

»Macht, Sex und Geld regieren die Welt« – sagte einmal ein weiser Mensch – schauen wir uns doch um ...! Wie wir wissen, waren nicht nur bei den alten Römern Geld und Macht (und Sex) die bestimmenden Kräfte – doch heute scheinen diese (in zunehmend raffinierteren Kombinationen) mehr denn je das Einzige zu sein, was wirklich zählt, (vorgeblich) Erfüllung bringt und zwangsläufig zum rücksichtslosen Egoismus, zum Rivalisieren verführt.

Der zivilisierte Mensch möchte immer mehr,
und das möglichst sofort, schnell und umsonst.

Selbst Kinder haben heute oft nicht mehr die Geduld, ein hartes Bonbon zu Ende zu lutschen, und knautschen deshalb lieber Fruchtgummis. Der Mensch ist selten wirklich glücklich und zufrieden, er leidet an »krankhafter Unersättlichkeit«[2]: »Wessen Glück zu viele Bedingungen kennt, der sitzt vor vollen Schüsseln und ißt und ißt und wird nicht satt« (Thich Nhat Hanh). So wird auch die Entwicklung von Eigenschaften wie Neid, Habgier, Scheinheiligkeit, Falschheit, Hass und das ganze Spektrum von leichten bis schweren betrügerischen Absichten begünstigt.

18

4. Vereinzelung: Wir alle brauchen Geborgenheit und das kuschelige »Leibgefühl«, von einer Gemeinschaft beschützt zu sein. Der moderne Mensch fühlt sich jedoch vielfach verunsichert, nicht akzeptiert, bedroht, frustriert und einsam, weil eben gerade diese tragenden Gemeinsamkeiten schwinden. Ehemalige Schutz- und Schonräume, Zufluchtstätten vor den Ansprüchen des Außen – wie die eigene Wohnung, die Familie, die unberührte Natur – gibt es immer weniger: Die Medien dringen überall ein – sie durchdringen und bestimmen alles, auch Familie und Partnerschaft.

Wurde in den 60er-Jahren noch von der »Vaterlosen Gesellschaft« (Mitscherlich) gesprochen, hat sich diese heute zur »Elternlosen Gesellschaft« entwickelt: Beide Partner gehen arbeiten, und wenn einmal alle zu Hause sind, wird dennoch kaum etwas gemeinsam unternommen. Jeder sitzt einsam vor seinem Computer oder Fernseher:

Wir ver-einzeln =
ver-ein-Zell-n immer mehr.

Wir sprechen nicht mehr genügend miteinander. Wir sind nicht mehr genügend füreinander da. Wir nehmen uns nicht mehr genügend gegenseitig wahr. Wie soll es da noch viel Verständnis füreinander geben? Dem heutigen Menschen mangelt es an wirklicher Nähe und infolgedessen an Nächstenliebe, Mitgefühl und Solidarität. Zunehmend fühlt er sich entwurzelt und von allen verlassen, auch von Gott. Die Trauer über die Vereinsamung führt zu (auch politischer) Gleichgültigkeit, Depression oder aggressiver Verzweiflung bis hin zur Destruktion.

19

Bei unseren Kindern steigern sich Aggressionen aller Art (untereinander, gegen Menschen und Sachen, gegen »die Gesellschaft«) zu Gewalttätigkeiten und Verbrechen in erschreckendem Maße. Wozu leben? No future – Jugendliche, die arbeiten wollen, aber nicht gelernt haben, ihre Energien kreativ umzusetzen. Oder die Aggressionen wenden sich nach innen, werden zur Depression – bis hin zum Selbstmord.

5. Konsumzwang und Realitätsflucht: Der vereinsamte Mensch verstrickt sich in Routine und Sachzwängen, erliegt nur allzu leicht dem Angebot von Konsuminseln und flüchtet sich in den raffiniert aufgemachten und psychologisch geschickt aufbereiteten Schein und Traum einer Fernseh- und Computerwelt, die den Sinnesorganen auch noch Nähe und Machbarkeit suggeriert.

Hierzu eine wahre Geschichte: Ein junger Mann verliebte sich via Internet in seine offenbar äußerst weibliche und attraktive Chat-Partnerin. Sie hatten sich beide noch nie berührt, aber Tag und Nacht dachte er nur noch sehnsuchtsvoll an seine neue Liebe, und er eilte so oft es ging zum Computer, um mit ihr zu flirten. Wie herb war die Enttäuschung, als er eines Tages feststellen musste, dass sich in Wirklichkeit ein zwar phantasievoller, doch hochbetagter, männlicher Chat-Fan seinen Spaß mit ihm erlaubt hatte!

Wie viele Menschen verlieren sich heute im übersteigerten Konsum von Filmen, Musik, Computerspielen und Drogen (bedenken wir, dass auch Schlafmittel, Aufputschmittel, Medikamente, Alkohol und Zigaretten Drogen sind). Wie viele verlernen das Nachdenken, verlieren den Mut zum kritischen Dialog, leben unbewusst. Phantasie, Kreativität, die eigenen Bilder, Töne und Intuitionen, der ganze Gefühls-, Gedanken- und Empfindungsreichtum, das Sinnliche und Be-sinnliche bleibt auf der Strecke. Der Mensch fühlt sich zerrissen, verliert die Orientierung und die Beziehung zu sich selbst, das heißt, er traut schließlich seinen eigenen Erfahrungen und Gefühlen nicht mehr:

Wir haben das Spüren verloren, das Gespür für uns selbst und füreinander.

(Könnte es sein, dass die derzeitige Piercing- und Tätowierungsmode vielleicht deshalb so viele Anhänger findet, weil sich der Einzelne wenigstens auf diese Weise selber mehr spürt?)

20

6. Der Körper als »Konsumobjekt«: Der moderne Mensch traut auch seinem eigenen Körper nicht mehr, sondern strebt stattdessen auch hier nach Superlativen: Anstatt ihn in seiner Eigenart anzunehmen oder sich gar durch seine innewohnende Intelligenz führen zu lassen, benutzt er ihn als »Konsumobjekt« und »Prestige-Symbol«.[3] Es ist zur zwanghaften Mode geworden, »immer gut drauf« zu sein und fit auszusehen. Mit dem Bild seiner Idole in Kopf und Hand pendelt die Karikatur des modernen Menschen zwischen Bräunungsstudio, Fitnesscenter und Klinik hin und her. Und in Sport, Tanz etc. werden auf Kosten der Gesundheit Schmerzen ertragen und bekämpft(!), und nicht selten ermöglichen erst »Kraft«-Nahrung sowie Doping die geforderten Spitzenleistungen.

Wohin sind wir gekommen, dass wir die Funktion unseres eigenen Körpers mit der einer Maschine vergleichen – statt umgekehrt! Der Körper ist heute zum »objektiv verfügbaren Dienstleistungsgerät«[4] degradiert, dem unerwünschte Empfindungen und Merkmale wegmedikamentiert und mit Hilfe plastischer Chirurgie wegkorrigiert(!) werden. Popidole und Filmschauspieler machen es uns vor:

Der moderne Körper hat auf ewig jung und schön zu sein.

---

7. Bewegungsmangel: Diejenigen, die nicht von der »Fitnesswelle« (die selbstredend ihre außerordentlich positiven Seiten hat – dazu später mehr) erfasst sind (und das ist immer noch der größere Teil der Gesamtbevölkerung), leiden neben einem schlechten Gewissen meistens unter Bewegungsmangel und dessen Folgen, zum Beispiel Übergewicht. Die Hauptursache ist unsere vorwiegend sitzende Lebensweise. Hiervon sind schon unsere Kleinsten betroffen: Raten Sie einmal, wie viel Prozent unserer Schulanfänger noch balancieren oder in einer geraden Linie rückwärts laufen können? 40 Prozent! Bei ebenso vielen sind die Muskeln nur unzureichend ausgebildet. Die Hälfte der Kleinen weist Konditionsmängel auf. Kein Wunder, denn bereits viele der Drei- bis Sechsjährigen sitzen von Freitagmittag bis Sonntagnacht bis zu 30 Stunden vor dem Fernsehapparat (allein ein Drittel aller Schüler verfügt über einen eigenen). Und mehr als die Hälfte der Schulkinder spielt (fast) täglich im Haus statt im Freien.[5]

Der Schweizer Psychologe Jean Piaget erkannte schon in den 40er-Jahren, dass die Grundlage für eine optimale geistige, soziale und persönliche Entwicklung eines Kindes entscheidend in der Bewegung liegt. Um bei den obigen Beispielen zu bleiben: Würde ein Kind beim Balancieren leicht umkippen, so fände es auch schwer seine seelische Balance. Könne es nicht geradeaus rückwärts gehen, so fiele ihm auch das Rückwärtszählen schwer. Bewegungsstörungen würden wiederum die Sprachentwicklung beeinträchtigen.

Auch unsere Kinder entwickeln nicht mehr genügend Gespür für ihren Körper – und damit für sich selbst.

Fazit: Wir befinden uns also heute in einer – letztendlich selbstgeschaffenen – Welt, in welcher die Einflüsse von außen dermaßen stark und entscheidend auf unser Innenleben einwirken, dass es uns ausgesprochen schwer fällt, von innen etwas dagegenzusetzen.

Heutzutage wird – mehr denn je – das »Innen« vom »Außen« bestimmt.

Wie wir aus all diesen Überlegungen sehen können, ist unser ursprüngliches Gleichgewicht zwischen innen und außen heute stark in Frage gestellt oder droht sogar zu kippen. Viele von uns fühlen sich unglücklich, orientierungslos und krank. Wir werden die Geister, die wir riefen, nicht mehr los, sie drohen uns zu überwältigen. Und das geschieht heute auf allen Gebieten unserer Gesellschaft: der Forschung und Wissenschaft, der Politik und Wirtschaft, sogar der Kultur. Als Folge dessen entsteht aber auch verstärkt die Frage nach dem Sinn. »Ich denke, also bin ich«, die kartesianische Erkenntnis hat lange genug das Zeitalter der »Ratio« bestimmt, doch sie hilft uns heute nicht mehr weiter. Denn wir sind mehr als unser Verstand: Wir sind auch Geist, Seele und lebendiger Körper.

Auf der Suche nach Erlösung aus der Krise

Der tiefere Wortsinn von »Krise« bedeutet ja eigentlich »Wende« – in der dunkelsten Nacht, noch vor Anbruch der Dämmerung. Wenn wir uns umsehen, ist bereits einiges dabei, sich zu wenden: Viele von uns sehen die heutigen Krisen als Herausforderung – und diese Betrachtungsweise ist letztlich auch unsere einzige Chance!

Im letzten Vierteljahrhundert haben sich bereits einige »Gegenbewegungen« zur Entfremdung von uns selbst und anderen gebildet, auch was unser Verhältnis zum Körper anbetrifft. Zum einen gehen wir – begünstigt durch die »sexuelle Befreiung« der 60er-Jahre – heute viel freier und natürlicher mit unserem Körper um und bewegen uns auch in der Öffentlichkeit viel unbefangener, was sich beispielsweise in der Kleidung oder in gelockerten Verhaltensvorschriften zeigt. Noch vor 30 Jahren war die Abbildung eines nackten Busens oder eines leibhaftigen Penis in Zeitungen und normal zugänglichen Zeitschriften undenkbar – einige LeserInnen erinnern sich sicherlich an die schwarzen Balken, die so neugierig machten! Wir empfinden es heutzutage auch nicht mehr als unschicklich, wenn unsere Mitmenschen – auch ältere – auf der Straße oder im Café Nähe, Vertrautheit und Zärtlichkeit zeigen.

> Körper und Sinne spielen wieder eine größere Rolle im Zusammenleben.

Zum anderen kümmern wir uns auch wieder mehr um den Körper selbst. Mittlerweile gibt es unzählige, ja täglich neue Methoden, den Körper fit zu machen, sich wohl zu fühlen. Es entstanden viele neue Sportarten wie Jogging, Aerobic oder Inline-Scating. Wie haben wir gestaunt, als der erste Jogger uns, mit Trainingszeug angetan, eifrig schwitzend und hechelnd,

23

mitten auf der Straße überholte! Was damals vielleicht noch merkwürdig wirkte, gehört heute schon längst zum gewohnten Bild. Selbst das Fernsehen bringt Anleitungen für Hatha-Yoga, Autogenes Training oder Tai-Chi. Die natürliche Heilwirkung von Duftölen und Farben ist ebenso wiederentdeckt worden wie Heilmittel und Heilweisen aus Uromas Zeit. Zeitschriften beschäftigen sich ausführlich mit Fitness-Themen, und Wellness-Angebote in Hotels oder Kliniken zeigen, dass Körperlichkeit »in« ist. Wir kümmern uns wieder mehr um unsere Gesundheit und die Pflege unseres Körpers – und das betrifft in wachsendem Maße auch die Männerwelt: Ein Besuch im Kosmetiksalon bedeutet heute für einen Mann kein Tabu mehr.

Die »Gegenbewegung« zur Entfremdung und zur rein geistigen Betätigung in überwiegend sitzender Lebensweise ist also bereits im Gange. Allerdings sei auch hier ständige Achtsamkeit angesagt, sonst artet das Kümmern um unseren Körper ganz schnell – wie oben bereits angedeutet – in reine Trainingshetze, mechanisches »Abarbeiten« und automatisches Herunterschlucken von »gesunden« Pillen und Konsumieren sonstiger »Fitmacher« aus, und wir tappen allzu leicht in die Falle des »Machens«. Schauen Sie sich um:

Viele *machen* zwar viel mit dem Körper,
aber sie *leben* nicht wirklich in und mit ihm.

Er wird gar nicht gefragt, wie es ihm (uns …) eigentlich dabei geht. Wir schwitzen zwar im Fitnesszentrum nebeneinander am Trainingsgerät, aber kommunizieren wir auch miteinander – und zwar nicht nur mit Worten, sondern auch von Körper zu Körper? Außerdem: Mehr Sport, Bewegung oder kalorienarme Kost bringen uns immer noch keinen wirklichen Zugang zu den Botschaften des Körpers. Wir wissen zwar heute enorm viel über gesündere Ernährung, aber das Essen selbst geschieht verhältnismäßig unbewusst: Eilig verschlingen wir morgens das Müsli, der rechtsdrehende Joghurt oder das alkoholarme Bier werden beim Fernsehen konsumiert, und wir fragen auch hier nicht unseren Körper, ob er sich damit wohl fühlt oder ob er diese Dinge überhaupt braucht. Nun, das Fragen muss man natürlich auch (wieder) lernen.

24

Hier gab und gibt es – abseits der großen Trends – Bewegungen, denen es ernsthaft darum geht, die Weisheit des Körpers wieder zu entdecken und wahrhaftig bewusster im Körper zu leben: Insbesondere in psychologischen Kreisen entstanden seit Mitte der 70er-Jahre Gruppierungen, die sich jeweils mit den unterschiedlichsten Arten von Körpertherapien befassten (z.B. Sensitivity Training, Urschrei-Therapie, Gestalttherapie) und heute allmählich an Breitenwirkung gewinnen. Als Gegengewicht zum alles beherrschenden Rationalen wurde nun in Selbsterfahrungsgruppen das Gefühl und die Lust am Spüren des Leibes gepflegt. »See me, feel me, touch me, heal me« war das Motto, um sich aus der Vereinzelung zu befreien, den Mut zu sich selbst, dem Körper, den Gefühlen zu finden. Der Vater der Gestalttherapie, Fritz Perls, prägte treffend den Satz: »Loose your head and come to sense« (»Verliere deinen Verstand und entdecke den Sinn« – gemeint sind sowohl »die Sinne« als auch der Lebenssinn). Mit der Neuentdeckung des Körpers, der Sinnlichkeit und

25

Lebendigkeit wuchsen auch Sensibilität und Bewusstsein für die gestörte Umwelt – der Körper als »Weltfühler«[6]. In diesem Zusammenhang wurde – und wird – auch die Bedeutung des Atems vielen Menschen heute immer bewusster.

Für Paare sind heutzutage ebenfalls reichlich Seminare mit Themen wie Kommunikation, Partnermassage oder Tantra (ein im alten Indien entstandenes System von Ritualen, in welchem unter anderem auch durch die sexuelle Vereinigung die Verschmelzung mit Gott gesucht wird) im Angebot. Sie ermutigen, miteinander sowohl offen über Gefühle und Bedürfnisse zu sprechen als auch dem Körper und seiner Intelligenz gegenseitige liebevolle Beachtung zu schenken: »Der im Leib seiende Mensch erfährt sich ganz und gar als Beziehung, er ist die *erotische Spur*« – sagt Peter Schellenbaum.[7]

Körperbewusster miteinander kommunizieren und leben, wie macht man das?

Sie haben sich sicherlich schon gefragt, was Sie selbst denn konkret tun können, um sich nicht mehr so stark vom »Außen« bestimmen lassen zu müssen und den Weg »vom Innen nach Außen« bewusst gehen und (er)leben zu können. Sie haben vielleicht auch überlegt, welche Rolle Ihr Körper dabei spielen könnte und inwieweit sich ein solcher Weg mit Ihrer Partnerschaft in Einklang bringen ließe. Hier einige Tipps:

1. Beobachten Sie sich: Wenn Sie körperbewusster leben und kommunizieren möchten, dann fangen Sie am besten bei sich selber an! »Beziehung« beginnt nämlich damit, welches Verhältnis Sie zu Ihren vielfältigen eigenen inneren Anteilen haben: Wann siegt mehr Ihr Denken, wann Ihr Fühlen, wann Ihre Empfindung (damit sind Ihre körperlichen Wahrnehmungen gemeint), und wann leben Sie intuitiv? Beobachten Sie sich, lernen Sie sich selber besser kennen – in Ihrem Sein und in Ihrem Tun: Über diese Selbstbeobachtung kommen Sie zur Selbsterfahrung und zur Selbstbestätigung.

2. Hören Sie auf Ihren Körper: Entdecken Sie Ihren Körper neu, versuchen Sie ernsthaft, seine Sprache zu verstehen, hören Sie auf ihn – seien Sie sich aber auch darüber im Klaren, dass Sie dazu Zeit, gesammelte Hinwendung und Achtsamkeit brauchen.

> Ihr Leben kreieren Sie täglich selbst in Ihrem Körper.

Geben Sie nicht Ihrem Partner, den Mitmenschen, Ihren Eltern usw. die Schuld für alles Missgeschick, sondern lehnen Sie zum Beispiel ganz bewusst auch die von Ihrem Partner noch so liebevoll zubereitete Speise ab, wenn Ihnen zuvor ein Ereignis auf den Magen geschlagen ist und Sie deshalb eigentlich gar keinen Hunger haben. (Ist es wirklich die schlimme oder verführerische Umwelt, die am Übergewicht schuld ist, oder wer?) Leben Sie in körperbewusster Kommunikation mit sich selbst, vertrauen Sie dem, was Sie fühlen, und handeln Sie entsprechend der Weisheit Ihres Körpers. Spüren Sie, was er Ihnen vermitteln möchte – seine Sprache ist echter und direkter als jegliches rationale Analysieren.

3. Lieben Sie sich: Auch unsere Einstellung zu uns selbst – unser Selbstgefühl – drückt sich durch unseren Körper aus. So, wie wir uns in unserem Körper fühlen, treten wir auch in die Welt, und so bewegen wir uns auch in ihr. Das oben genannte Beispiel zeigt, wie wichtig es ist, selbstverantwortlich erst einmal nach uns selbst zu fragen, nach dem, was wir empfinden, was wir brauchen, was uns antreibt, und dementsprechend – so weit es irgend geht – zu handeln. Also:

> Sorgen Sie zunächst einmal für sich selbst!

Dieser Satz mag Ihnen jetzt vielleicht »egoistisch« vorkommen. Doch: Sorgen wir nicht am liebsten für etwas, was wir lieben? Aber dürfen wir uns denn selber lieben? Wir dürfen. Wie können Sie denn »Ihren Nächsten« lieben, wenn Sie nicht gelernt haben, sich selbst zu lieben und für sich selber zu sorgen?! Interessanterweise klingt die bekannte lutherische Übersetzung: »Du sollst deinen Nächsten lieben wie dich selbst« im Original – das heißt im Hebräischen – viel direkter: »Nur wer sich selbst liebt, kann seinen Nächsten lieben« ...

27

Haben Sie sich eigentlich schon einmal gefragt, ob Sie sich wirklich selber akzeptieren, lieben, sich so annehmen, wie Sie sind? Zugegebenermaßen gibt es immer einiges, was wir an uns auszusetzen haben oder was wir gerne anders hätten bzw. tatsächlich ändern könnten. Ich bin in meinem Leben noch nie einem Menschen begegnet, der beispielsweise vollkommen zufrieden mit seiner äußeren Erscheinung war. Aber ist es nicht so, dass wir von unserem Partner oder unserer Partnerin *uneingeschränkt* geliebt und akzeptiert werden wollen? Und finden Sie es nicht auch merkwürdig, dass wir selber oft Schwierigkeiten damit haben, uns diese Eigenliebe zuzugestehen, dass wir immer wieder etwas an uns (meistens an unserem armen Körper) herumzumäkeln haben – was natürlich unser Selbstwert- und Lebensgefühl insgesamt deutlich beeinträchtigt! Uns anzunehmen, wie wir sind, ist also gar nicht so einfach, wie es klingt (und erfordert lebenslange Bemühung). Ein Beispiel:

Stellen Sie sich einmal vor, dass Sie im Zuge einiger Festivitäten beim leckeren Naschwerk gehörig zugelangt haben und nun allmorgendlich fasziniert und gleichzeitig entsetzt im Spiegel Ihr von Tag zu Tag stetig wachsendes Bäuchlein betrachten. Sie nehmen sich immer wieder fest vor, diesem Wachstum Einhalt zu gebieten – nur – es finden sich laufend neue Gründe, doch noch nicht mit der Diät zu beginnen. Inzwischen mögen Sie sich gar nicht mehr anschauen, Sie können Ihren Bauch nicht mehr leiden, finden ihn sogar abstoßend und bewegen sich auch nackt nicht mehr so unbefangen wie sonst vor Ihrer/m PartnerIn.

Wie viele Menschen sprechen zum Beispiel mit festgehaltener Oberlippe, weil sie ihre – in ihren Augen hässlichen – Vorderzähne nicht zeigen wollen. Wie viele Frauen laufen mit krummem Rücken, weil sie ihre Brüste verbergen möchten, die ihrer Meinung – oder besser der landläufigen Moderichtung – nach nicht optimal geformt sind. Wenn wir versuchen würden, unseren rundlich gewordenen Bauch, unsere Vorderzähne, unsere Brüste oder was auch immer liebevoll anzunehmen – etwa so, wie wir ein Kind von uns mit all seinen Unvollkommenheiten annehmen würden –, wäre ein wahrhaft machtvoller Anfang gemacht. Anfang wozu? Zum einen die Dinge zu ändern, die änderbar sind (zum Beispiel abnehmen), zum anderen die unabänderlichen Dinge endgültig als zu unserer einzigartigen

Persönlichkeit gehörend zu akzeptieren (und vielleicht eines Tages wegen ihrer Besonderheit sogar zu lieben ...).

Die meisten Probleme in Partnerschaften fußen darauf, dass wir vom anderen nicht so viel Einfühlungsvermögen und Verständnis bekommen, wie wir gerne haben möchten. Doch wie können wir vom Partner etwas erwarten, was wir nicht einmal bereit sind, uns selber zu geben?

Fangen Sie erst einmal damit an, sich selber kennen, akzeptieren und lieben zu lernen! Denn keiner kann Sie so gut verstehen wie Sie sich selbst.

4. Hören Sie auf Ihre innere Stimme: Wenn Sie in der oben beschriebenen Weise ernsthaft – und lustvoll – mit Ihrem Körper Kontakt aufnehmen, verhilft Ihnen das auch, (wieder) mehr auf Ihre »innere Stimme« zu hören:

Was spüren Sie, was sagt Ihnen Ihr »Bauchgefühl«, Ihre Intuition? Was brauchen Sie wirklich?

Wenn Sie sich mehr durch Ihre Körperweisheit und Ihre Intuition leiten lassen, nehmen Sie Ihre Innen- und Außenwelt auch ganz anders wahr als vorher: Ihr Dasein und Ihre Handlungen entspringen nun auch Ihren (Körper-)Erfahrungen, und Sie fühlen sich deshalb viel mehr verbunden mit allem anderen Lebendigen und sogar mit dem, was nicht atmet wie etwa die Elemente oder die »unbelebte« Materie. Sie regieren viel unmittelbarer auf Ihre Umwelt und lernen schneller aus Ihren Erfahrungen. So können Sie auch leichter alte, lieb gewonnene, aber unbrauchbar oder hinderlich gewordene Gewohnheiten sowohl aufspüren als auch ablegen und sich sinnvollere, unterstützendere zulegen. Sie übernehmen gern und liebevoll Verantwortung für sich selbst und Ihre Handlungen. Traumhaft, nicht wahr? Tatsächlich wandelt sich Ihre gesamte Lebenseinstellung, denn Sie leben mehr aus ihrem ursprünglichen, wahren Selbst heraus. Sie spüren und erkennen schließlich immer deutlicher, wozu Sie in dieser Welt und Zeit leben, denn bedenken Sie: Sie sind als Individuum einzigartig – es gibt Sie nur einmal!

5. Vom Sich-selber-Spüren zur Begegnung: Und Ihr Partner, Ihre Partnerin? Sie wissen nun, was alles damit verbunden ist, um erst einmal sich selbst zu entdecken, für sich selbst zu sorgen und aus sich selbst – Ihrem Selbst – heraus zu leben, anstatt passiv darauf zu warten, dass der andere Sie glücklich macht. Je kreativer Sie diese unendlichen Möglichkeiten aufspüren, selbstgenügsam zu sein, desto erfüllter und glücklicher werden Sie sich fühlen – und das wird sich unweigerlich auf Ihre/n PartnerIn auswirken!

Wenn es Ihnen selber gut geht,
strahlen Sie Ihre Lebensfreude auf Ihre gesamte Umgebung aus.

Sie werden auch viel mehr Lust haben, zu erforschen, was Ihren Partner (oder Ihre Umwelt) erfreuen könnte. Sie nehmen sich automatisch mehr Zeit füreinander, um miteinander körperbewusster und empfindungsbewusster zu leben, einfach, weil es sich so gut anfühlt. Communicare (lat.) heißt ja: miteinander in Verbindung treten, sich austauschen, gemeinsam sein – und dabei ist auch immer der Körper beteiligt:

Miteinander-Sein im Miteinander-Leben im Miteinander-Tun.

Kommunikation bedeutet, sich in jeglicher Weise zu berühren, zu verstehen, sich – mehr oder weniger tief – zu begegnen. Körperbewusste Kommunikation nach Veronika Langguth® fordert uns auf, dabei ständig und ganzheitlich wach und beweglich zu sein und zu bleiben, und das nach innen und nach außen. Fangen Sie bei sich selbst und Ihrem Partner damit an, und Sie werden bald so mutig sein, auch mit anderen und in der Öffentlichkeit mehr zu sich und Ihrer körpereigenen Weisheit zu stehen. Vielleicht sind *Sie* es ja, die/der bei der nächsten U-Bahn-Fahrt ein allgemeines »Rücken-Atem-Gespräch« in Gang setzt ... es ist wie mit allen Neuerungen: Es muss nur jemand den Anfang machen.

Und bereits Aristoteles sagte: »Der Anfang ist die Hälfte des Ganzen« ...

30

Lernen Sie Ihren Atem besser kennen und Sie haben mehr Freude – nicht nur an und mit Ihrem Partner oder Ihrer Partnerin!

1. Spüren Sie Ihren Atem immer und überall: In der Einleitung erwähnte ich bereits, dass wir über die Beobachtung unserer Atembewegung einen unmittelbaren Zugang zu unserem Körper gewinnen können. Nun gibt es unterschiedliche Arten, mit der (Heil-)Wirkung des Atems zu arbeiten. In diesem Buch möchte ich Ihnen den »Erfahrbaren Atem« nahe bringen, eine Form der Atemlehre und -therapie, die von Ilse Middendorf entwickelt wurde. Hier dienen Atemübungen unter anderem der Steigerung Ihres Empfindungsbewusstseins und damit auch einer fließenderen, körperbewussteren Kommunikation – mit Ihnen selbst und Ihrer/m PartnerIn.

Was bedeutet eigentlich »atmen«?

 Atem spüren

Legen Sie doch einfach einmal Ihre Hand auf Ihre Körpermitte, etwa im Bereich Ihres Magens. Ja, tun Sie es *jetzt*, bevor Sie weiterlesen! Lassen Sie sich ein wenig Zeit, dorthin zu spüren. Schreiben Sie in einem Satz auf, was Sie empfinden. Nehmen Sie eine feine Atembewegung wahr? Ihr Atem belebt Sie ständig!

> Atmen ist ein höchst individueller Vorgang.

Mit jedem *Einatmen* bekommen Sie nicht nur mehr Sauerstoff, sondern Sie atmen sozusagen »die Welt« ein – mit all ihren Eindrücken. Wenn Sie *ausatmen*, bedeutet das nicht nur ein Abgeben von Kohlendioxid, von »verbrauchter Luft«, sondern Sie öffnen sich auch Ihrer Außenwelt, indem Sie sie formen – zum Beispiel über das Sprechen oder Tun. In der *Atempause* sind Sie einfach nur »da«, im Nichtstun, im Ausruhen. Sind Sie mit Ihrem Partner zusammen, so atmen Sie beide dieselbe Luft ein: Atmen verbindet. Aber in dem Moment, wo die Luft durch Ihre Nase einströmt, wird sie zu Ihrem ganz persönlichen Atem: Atmen unterscheidet. Und jeder Mensch hat seinen eigenen Atemrhythmus, der so individuell ist wie ein Fingerabdruck, die Stimme oder Handschrift!

Atmen verbindet und unterscheidet.

Wenn Sie es sich zur Gewohnheit machen, öfter auf Ihre Atembewegung zu achten, werden Sie Beachtliches über sich selbst und Ihr Verhalten gegenüber Ihrer Umwelt und Ihren Mitmenschen entdecken. So ist es mittlerweile allgemein bekannt, dass sich die Atembewegung entscheidend auf unseren Gesundheitszustand sowie auf unsere Gefühlslage auswirkt – ein guter Atemfluss kann freudig stimmen! Zudem beeinflusst die Art und Weise, wie wir atmen, in starkem Maße unser Denken und Konzentrationsvermögen.

 *Im Gespräch Atembewegung wahrnehmen*

Wenn Sie während eines Gesprächs Ihre Atembewegung wahrnehmen, kann Ihnen das helfen, auf Ihr Gegenüber gelassener zu reagieren, weil Sie zum Beispiel Ihren guten Bodenkontakt nicht verlieren. Sie spüren einfach die ganze Zeit über Ihre Atembewegung im Bauchraum, und das wirkt stark beruhigend. Sie nehmen deshalb auch Ihre Füße deutlicher wahr – Sie »stehen« buchstäblich »zu sich« und brauchen nicht »Ihren eigenen Standpunkt« zu verlieren. Dennoch sind Sie in der Lage, flexibel Ihre Meinung zu ändern, weil Sie aus Ihrer Gelassenheit heraus klarer denken können. Selbst wenn der andere stark emotional reagieren sollte, kann Sie das nicht »aus der Ruhe bringen«, und Sie werden nicht in Gefahr geraten, Ihren Partner oder Ihre Partnerin durch eine unbedachte Äußerung zu verletzen.

Sie bleiben die ganze Zeit über empfindungsbewusst.

Die folgende Übung ermöglicht, gut »geerdet« im Bodenkontakt zu bleiben und Ihre Atembewegung im Bauchraum zu spüren.

 *Füße spüren*

Im Sitzen: Legen Sie den Unterschenkel eines Beines über den Oberschenkel des anderen Beines und beginnen Sie – mit geschlossenen Augen – Ihren Fuß zu massieren, das heißt ihn zu kneten, zu klopfen, zu streichen – oder

32

was er sonst noch gerne mag. Fangen Sie mit Ihrer Ferse an, gehen Sie langsam zur Fußmitte über, und wenden Sie sich schließlich Ihren Ballen und Zehen zu. Abschließend legen Sie Ihre beiden Hände wie einen Ring um Ihr Fußgelenk. Achten Sie darauf, dass Sie Ihren Atem die ganze Zeit über fließen lassen – oft tendieren wir dazu, bei starker Konzentration oder (körperlicher) Sammlung unseren Atem anzuhalten. Stellen Sie Ihren Fuß wieder auf den Boden und spüren Sie den Unterschied zwischen Ihren beiden Füßen. Natürlich sollte Ihr anderer Fuß jetzt auch eine ebenso sorgfältige Betreuung bekommen!

Was ist geschehen? Vielleicht fühlen sich Ihre Füße nun wärmer, größer und insgesamt belebter an! Können Sie sich vorstellen, dass Ihnen mit solchen empfindungsbewussten Füßen in einer Auseinandersetzung mit Ihrem Partner nicht mehr so leicht der Boden »wegrutschen« würde?

Wäre es nicht wunderbar, wenn sich diese Art atem- und empfindungsbewusster Kommunikation unter den Menschen immer mehr ausbreiten würde? Die Art unseres Zusammenseins würde sich mit Sicherheit entscheidend ändern, denn wir erhielten eine große Chance, auf eine neue Weise mehr Achtsamkeit, Sensibilität und Verständnis füreinander (und Freude miteinander) zu entwickeln! Dies passt auch gut in ein Menschenbild, welches in der heutigen Psychologie immer größere Kreise zieht: Während über lange Zeit hinweg der Intelligenzqotient eines Menschen als wesentliches Kriterium für – auch soziales – Verhalten angesehen wurde, entdeckt man nun, dass dem emotionalen Faktor – der »Emotionalen Intelligenz«[8] – eine mindestens ebenso starke Bedeutung zuerkannt werden muss. Dazu gehören Eigenschaften wie Selbsterkenntnis, Einfühlungsvermögen oder die Fähigkeit, Emotionen zu handhaben. Ein Leben, welches die Körperwahrheiten und -gesetzmäßigkeiten in oben beschriebener Form mehr beachtet, führt zwangsläufig zu diesen Qualitäten.

2. Lernen Sie Ihre eigene Atembewegung besser kennen: Unsere Atembewegung fließt wie eine Druckwelle durch den Körper, so dass es möglich ist, sie bis in unsere Füße hinein zu spüren. Beobachten Sie einmal eine Katze beim Schlafen, oder nehmen Sie die nächste Möglichkeit wahr, ein Baby zu halten, und spüren Sie, wie Händchen und Füßchen »mitatmen«. Bei Erwachsenen fließt der Atemstrom leider nicht mehr ungehindert durch den ganzen Körper, weil wir im Laufe unseres Lebens Anspannungen und Stauungen entwickelt haben.

Und wie atmen Sie? Probieren Sie doch gleich einmal die folgenden zwei Übungen aus:

∿ Dehnen

– nicht recken(!) – Sie so spontan wie möglich Ihre Hände bis in die Fingerspitzen und Ihre Füße bis in die Fußspitzen hinein; dehnen Sie auch Ihren Rücken und Nacken. Wenn Sie dann zum Beispiel den gedehnten Arm wieder locker fallen lassen, flüstern Sie ausatmend »Hu«. Seufzen, stöhnen und gähnen Sie dabei nach Herzenslust, denn das sind Erholungsreflexe für den gesamten

Organismus! Dehnen Sie sich im Sitzen sowie im Stehen. Schließen Sie Ihre Augen. Spüren Sie, wie Ihr Atem Ihre Körperwände angenehm weitet, weil er nun leichter und voller strömt? Legen Sie auch mal hier und da Ihre Hände auf, um Ihre Atembewegungen noch deutlicher wahrzunehmen. Hat sich Ihre Stimmung gewandelt? Fühlen Sie sich gelöster oder wacher – oder wie sonst?

～ Sich vom Atem bewegen lassen

Anschließend stellen Sie sich so hin, dass Ihre Fußspitzen nach vorne gerichtet sind, und achten Sie darauf, dass Sie locker stehen, das heißt Ihre Knie nicht nach hinten durchgedrückt sind. Spüren Sie, wie Ihr Atem Sie bewegt – vielleicht sogar bis in Ihre Füße hinein?

> Eine gesteigerte Wahrnehmung Ihrer Atembewegung führt zu erhöhter Empfindungsfähigkeit.

Nach einiger Übung gehen Sie viel empfindsamer und achtsamer mit Ihrem Körper um und erfahren die Zusammenhänge zwischen dem, was Sie wahrnehmen, und dem, wie Sie sich fühlen – Ihrer augenblicklichen Stimmungslage. Das wirkt sich natürlich auch auf Ihre Kommunikation mit Ihrem/r PartnerIn aus, wie es bereits weiter oben beschrieben wurde.

---

3. Worauf Sie bei den Atemübungen achten sollten: Die in diesem Buch vermittelten Atemübungen sind ein Erfahrungs- und Entwicklungsweg, den Sie ganz nach Ihrem eigenen Rhythmus gehen können. Es ist es sinnvoll, wenn Sie sich alles erst einmal zu Hause erüben, doch Sie werden feststellen, dass die Übungen allmählich und fast unmerklich – ganz von selbst – als »treue Begleiter« in Ihr Alltagsleben hineinfließen. Mit der Zeit nehmen Sie bereits während oder nach der einzelnen Übung Wandlungen wahr, beispielsweise dass Sie sich gelassener oder ruhiger fühlen.

Dieses neue Lebensgefühl durchzieht auf Dauer Ihren gesamten Alltag und wirkt sich auch auf Ihre Lebenseinstellung aus – und damit auf Ihre Partnerschaft!

Die Atemübungen wirken physisch sowie psychisch stets förderlich, wenn Sie bestimmte Grundsätze beachten:

▶ Wählen Sie einen Stuhl oder *Hocker mit ebener Sitzfläche*, der so hoch sein sollte, dass sich Ihre Oberschenkel ungefähr parallel zum Fußboden befinden (andernfalls legen Sie sich ein hartes Kissen oder eine zusammengefaltete Decke auf die Sitzfläche).

▶ Lassen Sie Ihren Atem frei fließen, das heißt, *warten Sie, bis er von selber einströmt.* Halten Sie ihn nie an, und stoßen Sie ihn auch nicht absichtlich heraus. Mit der Zeit werden Sie feststellen, dass Ihr natürlicher Atemrhythmus aus dem fließenden Wechsel von Einatmen, Ausatmen und Atempause besteht.

▶ *Schließen Sie beim Üben Ihre Augen* – es sei denn, Ihnen wird leicht schwindelig. Ohne visuelle Ablenkung fällt es Ihnen nämlich leichter, Ihren Körper und die Wirkungen der Übungen zu spüren.

▶ Die Atemübungen können trotz allgemein gültiger Gesetzmäßigkeiten individuell ganz unterschiedlich wirken – jeder von uns hat eben einen anderen Körper und eine andere Lebensgeschichte! Spüren Sie deshalb selbst, *wie oft* Sie die Übung machen wollen – der eine braucht mehr davon, die andere weniger. Ein ungefährer Anhaltspunkt sind zirka zwei Minuten pro Übung.

▶ Die Übungen könnten Empfindungen wie Weite, Wärme, Kribbeln, Helligkeit etc. hervorrufen. Sie sollten aber immer *Wohlgefühl* erzeugen, andernfalls müssen Sie sie so abwandeln, dass Sie sich gut fühlen. Im Unterschied zu manchen gymnastischen oder sportlichen Übungen ist bei Atemübungen bereits ein leichter Schmerz ein Zeichen dafür, dass die Übung verändert werden muss.

Warum? Wenn etwas wehtut, halten Sie normalerweise Ihren Atem an – und dann kann er natürlich nicht mehr frei fließen!

▶ Ganz wichtig – »*das Nachspüren*«: Spüren Sie nach jeder Übung mit geschlossenen Augen mindestens 20 Sekunden »nach«, wie sich die Wirkung in Ihrem Körper entfaltet und wie Sie sich stimmungsmäßig fühlen. So geben Sie Ihrem Organismus die Gelegenheit, in Ruhe die Wandlungen zu assimilieren. Ein Gespräch mit dem/der PartnerIn über die unterschiedlichen Wirkungen kann sich anschließen.

▶ Ebenso wichtig: *Ruhen Sie nach jeder Übung aus*! Das geht folgendermaßen: Umschlingen Sie mit gefalteten Händen ein Knie und beugen Sie sich sanft in Ihren gerundeten Rücken hinein. Wenn Sie mögen, können Sie auch ein wenig von vorn nach hinten und zurück schaukeln. Oder: Stellen Sie Ihre Füße etwas breiter als in Beckenbreite auf, und lassen Sie Ihre Unterarme mit den Ellenbogen nach außen dicht vor den Knien locker auf Ihren Oberschenkeln ruhen und Ihren Oberkörper, Hals und Kopf nach vorne-unten hängen (der sogenannte »Kutschersitz«).

▶ Wenn Sie Lust haben, sich selbst ein *eigenes Übungsprogramm* zusammenzustellen, so gehen Sie am besten in folgender Reihenfolge vor: Dehnen – eine anregende Übung – eine Übung für Füße, Beine und/oder Becken – weitere Übungen nach Belieben.

Übrigens: Manchmal stellt sich am Tag nach dem Üben eine Art »Muskelkater« ein – kein Grund zur Sorge! In der Atemtherapie nennen wir so etwas die willkommenen »Wandlungsschmerzen«, weil sich Ihre Muskelspannung neu (und besser als vorher) organisiert.

2

Lassen Sie
Ihren Körper sprechen ...

Mehr über sich selbst entdecken

Sind Sie sich eigentlich dessen bewusst, dass – ob Sie es wollen oder nicht – Ihr Körper ständig Botschaften aussendet, dass er unaufhörlich »spricht«? Vielleicht haben Sie sich schon einmal Gedanken darüber gemacht, wie Sie Ihre eigene Körpersprache fördern können. Im Folgenden geht es darum, wie Sie in Ihrem Körper leben, wie Sie Ihr Empfindungsbewusstsein für Ihren Körper bedeutend steigern können und durch ihn besser, weil wahrhaftiger, das heißt mehr Ihrem Wesen entsprechend mit Ihrem Partner kommunizieren können. Hierzu werden wir die Mittler für unsere Körpersprache, nämlich Haltung, Gestik, Mimik, Blickkontakt und Stimmklang, im Hinblick auf »Körperbewusste Kommunikation nach Veronika Langguth®« einmal näher unter die Lupe nehmen. Obwohl der Schwerpunkt, wie bereits erwähnt, auf der Partnerschaft liegt, können Sie natürlich die Anregungen auch ganz allgemein auf Ihre Begegnungen mit Freunden, Bekannten, KollegInnen usw. beziehen.

Erlernte Technik oder erlebtes Sprechen: Der Weg von außen nach innen und von innen nach außen

Es gibt auf dem Markt viele empfehlenswerte Bücher über Kommunikation, gutes Sprechen und Körpersprache. Üblicherweise wird hier der Weg *von außen nach innen* – sozusagen eine erlernbare Technik des Sprechens – dargestellt: Man trainiert bestimmte Verhaltensweisen, Gesten und Körperhaltungen, die günstig auf den Gesprächspartner wirken sollen. In entsprechenden Seminaren studiert man Abbildungen von anderen Menschen, man analysiert sich selbst über Videoaufnahmen, probiert diese oder jene Kopfneigung aus und lässt sich Feedback über ihre Wirkung geben. In manchen Trainings – etwa im NLP (Neurolinguistisches Programmieren) – geht man sogar noch einen Schritt weiter: Einem Verkäufer wird beispielsweise empfohlen, absichtlich die Körperhaltung eines Menschen zu übernehmen, um »Übereinstimmung« zu signalisieren. Ich finde das sehr anstrengend. Viel einfacher – und letztlich auch überzeugender – ist es, wenn Sie sich in Ihren Gesprächspartner einfühlen können, *weil Sie sich selber gut spüren können.*

Natürlich kann es auch sinnvoll sein, wenn Sie sich das eine oder andere Element einer Technik aneignen. Das Lernen von außen nach innen ist uns ja bereits aus unserer Sozialisation wohl bekannt, wenn wir als Kinder bewusst oder unbewusst die Erwachsenen nachahmten, indem wir zum Beispiel die Haltung und Gestik eines Vorbildes übernahmen. Unsere Eltern meinten dann: »Ganz der Vater!« – dabei hatten wir uns nur dessen Bewegungsmuster angeeignet. Sogar Stimmhöhe und der Klang der Stimme insgesamt sind nicht etwa ererbt, sondern erlernt! Nichtsdestoweniger sollten Sie sich bei der Anwendung von Techniken immer darüber im Klaren sein, inwieweit Sie für Ihr Gegenüber – sozusagen durch die Technik hindurch – noch als einzigartiges Individuum spürbar sind. Jede Technik enthüllt sich selbst, wenn der Sprechende sich nicht wirklich als ganze Person einbringt. Als Gesprächspartner eines solchen »Kommunikations-Technikers« spüren wir sehr schnell, ob dieser wirklich mit »Leib und Seele« spricht oder lediglich seine angelernte Kunst an uns erprobt.

So geht es in diesem Buch weniger um erlernbare Techniken oder »Tricks«, sondern mehr um das (auch körperliche) Wahrnehmen Ihrer Persönlichkeit, mit anderen Worten, den Weg *von innen nach außen*. Das schließt auch ein »erlebtes Sprechen« mit ein. Zwar werden Ihnen bestimmte Formulierungen zur besseren Gesprächsführung bekannt sein, aber hier bedeutet das:

Sie bleiben während der ganzen Zeit körperbewusst.

Bemerken Sie zum Beispiel innerhalb eines Gesprächs, dass Sie gerade im Begriff sind, sich über Ihren Gesprächspartner maßlos aufzuregen, so würden Sie diese Wahrnehmung ungefähr folgendermaßen beschreiben: »Jetzt empfinde ich, wie sich alles im Kopf- und Brustraum staut, ich spüre, wie mir dort heiß wird, ich atme nur noch da oben und zwar sehr schnell und stoßartig, es wird mir um die Kehle herum immer enger, ich bekomme allmählich das Gefühl, gleich platzen zu müssen ...«

Es gibt kein Gefühl, welches nicht durch eine Empfindung begleitet ist bzw. sich körperlich auswirkt. Alle Gedanken und Gefühle, die Sie während eines Gesprächs, einer Begegnung, einer Berührung haben, lösen körperliche Reaktionen aus, die wiederum Ihren Kontakt in mehr oder weniger förderlicher Weise beeinflussen. Je besser Sie sich nun »in der Hand« haben, »Herr – oder Frau – im Hause« sind, desto bewusster können Sie auch den weiteren Verlauf der jeweiligen Begegnung steuern. Natürlich brauchen Sie dazu erst einmal einige Übung. Aber erfahrungsgemäß wird früher oder später der Tag kommen, an dem Sie bemerken, dass Sie Ihren Körper und Ihre Atembewegung beträchtlich bewusster und intensiver wahrnehmen können: Sie sind zum Beispiel gerade beim Abwasch, und auf einmal spüren Sie, wie Ihre Beine wunderbar warm durchströmt werden ...

Ist dieses Bewusstsein erst einmal vorhanden, wird es auch möglich, sich sogar mitten im Gespräch äußerst gut zu spüren. Für das oben genannte Beispiel heißt das, frei entscheiden zu können. Ist es in dieser Situation angemessen, mal ordentlich »mit der Faust auf den Tisch zu hauen« und der Wut angemessen Raum zu geben, oder würde es sinnvoller für Ihre Nerven (und die Ihres Partners) sein, wenn die Unterhaltung gemäßigter verliefe? Angenommen, Sie wählen Letzteres – dann schlagen Sie einfach

Ihre Zunge um (siehe unten). Und siehe da, Ihr Atem wird ruhiger. Sie können allmählich wieder bis in Ihren Bauch hinein »durchatmen«, der Stau ebbt nach und nach ab. Sie spüren größere Gelassenheit und sind fähig, mit klarem Kopf zu argumentieren, Ihren Partner in seiner Befindlichkeit voll wahrzunehmen und somit angemessen auf ihn einzugehen. Ihre Stimme, Körperhaltung und Mimik, Ihr Blickkontakt sowie Ihre Gesten und Bewegungen entstehen in dieser bewusst erlebten und »durchlebten« Weise von innen heraus – sie sind buchstäblich vom Atem getragen:

Ihre Aussagen gewinnen an Substanz.

Probieren Sie das Zunge-Umschlagen gleich einmal aus:

⌇ Zunge umschlagen

Schlagen Sie Ihre Zunge nach hinten um, und berühren Sie dabei mit der Zungenspitze leicht den oberen (den harten – dahinter beginnt der weiche) Gaumen, etwa drei bis vier Atemzüge lang. Dann lassen Sie die Zunge wieder ebenso lange gelöst im Mund ruhen, anschließend schlagen Sie Ihre Zunge erneut um etc. Zum besseren Spüren der Wirkung ist es sinnvoll, wenn Sie dabei die Hände auf Ihren Bauch legen, vielleicht bemerken Sie dann, dass beim Zunge-Umschlagen Ihre Atembewegung im Bauchraum stärker wird.

Eine wunderbare Vorbereitung, um im Gespräch gut bei sich – also in der »Mitte« – bleiben zu können, bietet die folgende Übung:

⌇ Sich in der Mitte spüren

Sitzen Sie gut aufgerichtet – das heißt weder im Hohlkreuz noch mit rundem Rücken – auf der »höchsten Höhe« Ihrer Sitzhöcker. Nun legen Sie eine Hand auf Ihre Körpermitte (zwischen Nabel und Brustbein) und die andere Hand mit dem Handrücken auf den Rückenbereich gegenüber, Ihre Nierengegend. Beobachten Sie eine Zeit lang die Atembewegung von Einatem, Ausatem und Atemruhe, ohne etwas zu forcieren. Tauschen Sie gelegentlich die Position beider Hände aus. Sie können sich auch

41

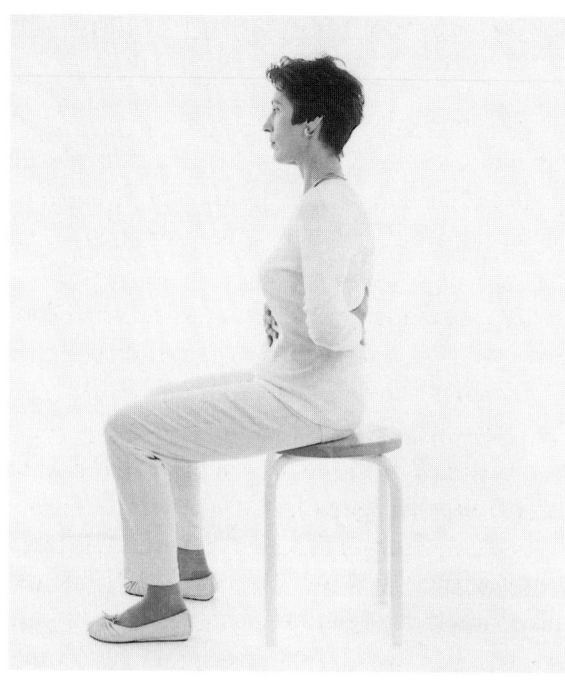

fragen: »Kann ich zwischen meinen beiden Händen wirklich richtig anwesend sein?«

Vielleicht empfinden Sie eine ganz besondere Art von Wohligkeit, wenn Sie sich in dieser Weise zwischen Ihren beiden Händen spüren. Jede Gegend des Körpers hat bestimmte Entsprechungen zu unserem allgemeinen Lebensgefühl, und die Körpermitte ist bei allen Menschen der Ort, wo wir am besten – sozusagen zwischen Himmel und Erde – zu unserem Gleichgewicht kommen können. So lernen wir, uns buchstäblich mehr »in die Hand« zu nehmen und zentriert zu bleiben. Dieser »Mittenzustand« bleibt Ihnen nach einiger Praxis auch im gesamten Verlauf eines Gesprächs erhalten.

Zu dieser Übung gibt es noch eine äußerst angenehme Variante, die Sie regelmäßig morgens im Bett direkt nach dem Aufwachen (und Durchdehnen) und abends vor dem Einschlafen praktizieren können:

Mitte und Bauch spüren

Legen Sie eine Hand auf die Mitte und die andere auf Ihren Bauch. Spüren Sie einfach nur Ihre Atembewegung, wie oben beschrieben. Am frühen Morgen hilft Ihnen diese Übung, bereits gut gesammelt in den Tag zu gehen; am Abend können Sie damit den Tag friedlich abschließen, weil sie Ihnen erlaubt, (wieder) gut zu sich selbst zu kommen – sie wirkt beruhigend und fördert das Einschlafen.

Fühlen Sie sich wohl in Ihrem Körpergehäuse!

Körpersprache – und damit ein großer Teil unserer Ausstrahlung – hängt wesentlich von unserem Wohlbefinden ab. Nehmen wir an, Sie hätten fürchterliche Magenschmerzen, sind aber mit Ihrem Partner zum Theater verabredet und möchten diesen Termin auf jeden Fall wahrnehmen, sich aber nichts anmerken lassen, um ihm nicht die Freude zu verderben. Nun gelingt es Ihnen tatsächlich, sich bis zu einem gewissen Grade zu verstellen, das heißt Ihre Schmerzen zu verbergen – doch Sie können ziemlich sicher sein, dass Ihr Unwohlsein dem anderen nicht verborgen bleibt, ganz gleich, ob er dies bewusst oder unbewusst wahrnimmt! Ihre Ausstrahlung wird nämlich durch die Schmerzen gravierend beeinflusst: Vielleicht sind Ihre Gesten nicht so offen und raumgreifend wie gewohnt, vielleicht sitzen Sie ein wenig gekrümmter im Theatersessel, womöglich ist der Ausdruck Ihrer Augen nicht so glänzend wie sonst, wenn Sie Ihren Liebsten wieder sehen. Unter Umständen bezieht der unwissende Partner Ihre veränderte Körpersprache auf sich (und nur im besten Fall auf das Theaterstück) und kann dann nachts nicht schlafen: »Hat sie vielleicht ein ganz anderes Kunstverständnis wie ich oder liebt sie mich etwa nicht mehr?« Sorgen Sie dafür, dass Sie sich möglichst immer wohl fühlen!

Übernehmen Sie die Verantwortung für Ihren Körper. Manche Menschen meinen, dass wir ab 30 für unser Gesicht, also unseren Gesichtsausdruck, verantwortlich seien – was denken Sie darüber?

Häufig kommen Menschen in meine Praxis, die behaupten: »Das Bein da tut mir immer so weh« – als sei »das Bein da« eine Sache und nicht ein wesentlicher Teil von ihnen. Würden Sie jemals auf die Idee kommen, über Ihr Auto als »das Auto da« zu sprechen? Aber wenn es um unseren (lieben) Körper geht, tun wir so, als würden wir gerade mal zufällig – wenn überhaupt – darin »wohnen« und könnten aber rein gar nichts dafür, wenn er mal nicht so funktioniert, wie wir es gerne hätten. Beim Auto geben wir schon mal zu: »Na ja, neulich habe ich mal nicht aufgepasst und bin durch dieses tiefe Schlagloch gefahren ...«

Hier haben wir also eine weitere Facette für die heutige Entfremdung vom Körper. Wir kennen unseren Körper nicht mehr, wir fragen ihn nicht mehr, sondern erwarten von Fachleuten – Arzt/Ärztin oder HeilpraktikerIn –, dass sie uns sagen, was mit uns nicht in Ordnung ist. Wir kommen gar nicht mehr auf die Idee, selber einmal unseren Körper vertrauensvoll zu fragen, was ihm denn fehlt. Wir haben es nicht gelernt – oder verlernt. Wir können es aber wieder lernen, und zwar über das Wahrnehmen unserer Atembewegung.

Im Folgenden möchte ich Ihnen einige Anregungen geben, wieder zu mehr Wohlgefühl zu gelangen, zum Beispiel auch bei Schmerzen:

∿∿ Wohlgefühl und Umgang mit Schmerzen

1. Die Hand auflegen: Sie haben vielleicht bereits beim Üben festgestellt, dass es äußerst angenehm ist, Ihre Hände auf verschiedene Gegenden Ihres Körpers zu legen. Normalerweise tun wir das höchstens, wenn wir Magen- oder Zahnschmerzen haben. Dabei mag der Körper diese Berührung sehr gern und je öfter wir uns auf diese Weise spüren, desto wohler fühlen wir uns, sogar auch in der Zeit zwischen den Übungen. Unser Körper »merkt« sich sozusagen dieses angenehme Empfinden und lernt allmählich (wieder), es sich auch ohne »Handauflegen« zu verschaffen. »Wohlgefühl« wird mit der Zeit zum Dauerzustand.

Bei Schmerzen kann es sehr wirksam sein, dem intuitiven Impuls zu folgen und Ihre Hand auf den betreffenden Bereich zu legen (natürlich können Sie dies auch beim Partner tun und umgekehrt). Wie Sie vielleicht bereits in früheren Übungen erlebt haben, »antwortet« diese Gegend mit einer verstärkten Atembewegung: Die Stelle wird besser mit Atem versorgt, was krampflösend und insgesamt heilend wirkt; die Selbstheilungskraft Ihres Organismus wird angeregt, und der Schmerz lässt allmählich nach. »Schmerz ist der Schrei der Zellen nach Sauerstoff«, sagte bereits in den 50er-Jahren der legendäre Professor Sauerbruch von der Berliner Charité.

Selbstverständlich sollten Sie bei länger andauernden Schmerzen dennoch einen fachkundigen Rat einholen, doch selbst wenn Sie sich entscheiden, Medikamente zu Hilfe zu nehmen, können Sie mit Hilfe des »Beatmens«

Ihren Heilungsprozess bedeutend beschleunigen. Als sich Ilse Middendorf einmal – sie war gerade 70 geworden – ein Bein brach, entwickelte sie den »Knochenatem« (eine spezielle Weise, die Atembewegung in den Knochen zu fördern) und ihr Bein heilte in zwei Drittel der üblichen Zeit.

2. Anhauchen: Ein weiterer wirkungsvoller Weg ist das »Anhauchen« der betreffenden Stelle. Früher war es noch üblich, dass eine Mutter vom Kind zum »Pusten« aufgefordert wurde, wenn es sich einmal gestoßen hatte – vielleicht haben Sie das ja selber erlebt oder tun es gar selbst? Probieren Sie es einfach mal aus – besonders bei Gelenkbeschwerden hat sich diese schöne »Atemweise« als besonders wirkungsvoll erwiesen. Aber achten Sie darauf, dass Sie sanft hauchen, so als würden Sie einen klammen, etwas trägen Marienkäfer auf Ihrer Hand wärmen, und nicht öfter als drei- bis fünfmal hintereinander (es handelt sich hier wahrhaftig um unseren Lebensodem, der direkt aus der Tiefe unseres Seins kommt, und mit diesem sollten wir besonders achtsam umgehen!)

3. Atembewegung im Bauchraum: Bei Schmerzen sind grundsätzlich alle Übungen sinnvoll, die die Atembewegung im Becken, in den Beinen und Füßen verstärken, etwa das schon erwähnte »Zunge-Umschlagen« (mehr von diesen Übungen folgen).

Steigern Sie Ihr Empfindungsbewusstsein

Empfindung und Gefühl sind zwei grundverschiedene Qualitäten, die im deutschen Sprachgebrauch oft durcheinander geworfen werden. Der Psychoanalytiker C.G. Jung definierte: »Die *Empfindung* sagt mir, daß da etwas ist. Das *Gefühl* sagt mir, ob es mir gefällt oder nicht. Das Denken sagt mir, was es ist. Die *Intuition* sagt mir, woher es kommt und wohin es geht«.[9] Während mit »Empfindung« die rein nervliche Wahrnehmung gemeint ist (warm, kribbelnd, ausweitend), beschreibt der Begriff »Gefühl« eine höchst individuell geprägte – Interpretation des Empfundenen (angenehm, traurig, aufmunternd): Sie spüren beispielsweise einen kühlen Luftzug auf Ihrer Haut (Empfindung), und im Sommer ist Ihnen das angenehm, im Winter aber nicht (Gefühl). Empfindungsbewusst zu leben bedeutet, sich immer und überall, das heißt mitten im Alltag, zu spüren.

Wir AtemtherapeutInnen haben uns immer wieder gefragt, warum gerade Frauen für Atemübungen begabter zu sein scheinen als Männer. Was die Fähigkeit zum Spüren anbelangt, sind Frauen den Männern gegenüber tatsächlich im Vorteil: Frauen können – rein nervlich gesehen – zehnmal feiner empfinden als Männer! Außerdem lernen sie bereits als kleine Mädchen, sich erheblich intensiver um ihr Aussehen zu kümmern als die Männerwelt, und sie beschäftigen sich auch durch ihren Menstruationszyklus und über Schwangerschaft, Geburt und Stillen zwangsläufig mehr mit ihrem Körper. Auch heute noch werden Mädchen so erzogen, dass sie ihren Gefühlen – und damit auch ihren Empfindungen – eher freien Lauf lassen dürfen als Jungen (»Ein großer Junge weint nicht ...«). Das alles trägt dazu bei, dass die Empfindungsfähigkeit der Frauen viel mehr geschult ist als die der Männer. Den meisten Männern fällt es aus all diesen Gründen zunächst ziemlich schwer, die eigene Spürfähigkeit wieder zu entdecken und ihr zu vertrauen. Dieses Spürvermögen kann aber bei Männern sowie Frauen gleichermaßen beträchtlich wachsen, und wie die Erfahrung zeigt, wird es im Laufe des Lebens durch geeignete Schulung immer intensiver. Ein besonders wirksamer Weg zur Steigerung des Empfindungsbewusstseins liegt eben im Kennenlernen der Atembewegung, es hilft, die Sprache des Körpers besser zu verstehen.

Nehmen wir einmal an, Sie haben beim Autofahren eine zu heftige Kopfbewegung gemacht und verspüren nun Schmerzen im Hals- und Nackenbereich. Vorausgesetzt, dass Sie Ihren Atem von selber kommen und gehen lassen, können Sie die Verspannung auflösen, wenn Sie eine Dehnbewegung in einem ganz bestimmten Winkel und in einer ganz speziellen Stärke ausführen, eine Dehnung, die nur Sie bestimmen können. Oder die folgende Situation: Sie wachen frühmorgens auf und fühlen sich total »zerschlagen«, weil eine Erkältung sich anschleicht. Wenn Sie nun sofort etwas dagegen unternehmen, das heißt Atemübungen machen, könnte es Ihnen gelingen, sie gerade noch rechtzeitig in die Flucht zu schlagen. Besonders geeignet sind hier Übungen, die für eine gute »Erdung« sorgen, bei denen Sie also besonders gut Bauch, Becken und Beine spüren können (etwa das »Füße-Spüren«, Seite 32f.).

> Ein gesteigertes Empfindungsbewusstsein vermittelt Ihnen eine bessere Gesundheit.

Über Atemübungen wächst – ganz nebenbei – Ihre Widerstandskraft, und das können wir interessanterweise ebenfalls auf die Kommunikation übertragen: Hier würde »Widerstandskraft« bedeuten, dass Sie sich Ihrem Partner als Persönlichkeit entgegensetzen und sich besser abgrenzen können, wie ich es zu Anfang dieses Kapitels bereits beschrieben habe. Außerdem können Sie über ein geschultes Empfindungsbewusstsein Ihre Haltung, Gestik, Mimik sowie Ihren Stimmklang positiv beeinflussen. Mit einem gesteigerten Empfindungsbewusstsein lassen sich alle Körperbewegungen viel besser koordinieren.

Lassen Sie sich von Ihrem Atem aufrichten

Eine gute Körperhaltung wird entscheidend durch günstige Atembewegung beeinflusst, und das Gleiche gilt für Ihre Gestik und Mimik. Haltung ist nicht nur etwas Äußeres: Sie ist der Ausdruck der Einstellung eines Menschen insgesamt. Aus der Haltung eines Menschen lässt sich sein ganzes Leben ablesen.

Beobachten Sie einmal die Haltung Ihrer Mitmenschen, zum Beispiel im Schwimmbad: Wie wenige gibt es, die wirklich aufrecht gehen oder sich geschmeidig und anmutig bewegen! Die meisten schleppen ihren Körper wie einen lästigen Gebrauchsgegenstand mit sich herum. Wer einen geschulten Blick hat, bemerkt gehäuft Anspannungen – im Bereich aller Gelenke, im Rücken, im Gesäß ... Probieren Sie doch einmal aus, was Anspannungen bewirken:

Anspannungen spüren

Ballen Sie im Stehen Ihre Hände fest zu Fäusten – spüren Sie, wie allein schon diese Verkrampfung in den Gelenken Ihre Haltung sowie Ihre Atembewegung beeinträchtigt? Nun lassen Sie einmal Ihrer Phantasie freien Lauf, und probieren Sie die verschiedenartigsten Anspannungen aus: Krallen Sie mit den Zehen, drücken Sie Ihre Kniegelenke nach hinten durch oder beißen Sie – buchstäblich – Ihre Zähne zusammen. Sie werden merken, dass Haltung, Aufrichtung, Stimme und Atembewegung davon immer nachteilig beeinflusst werden. Und nun tun Sie einmal das Gegenteil:

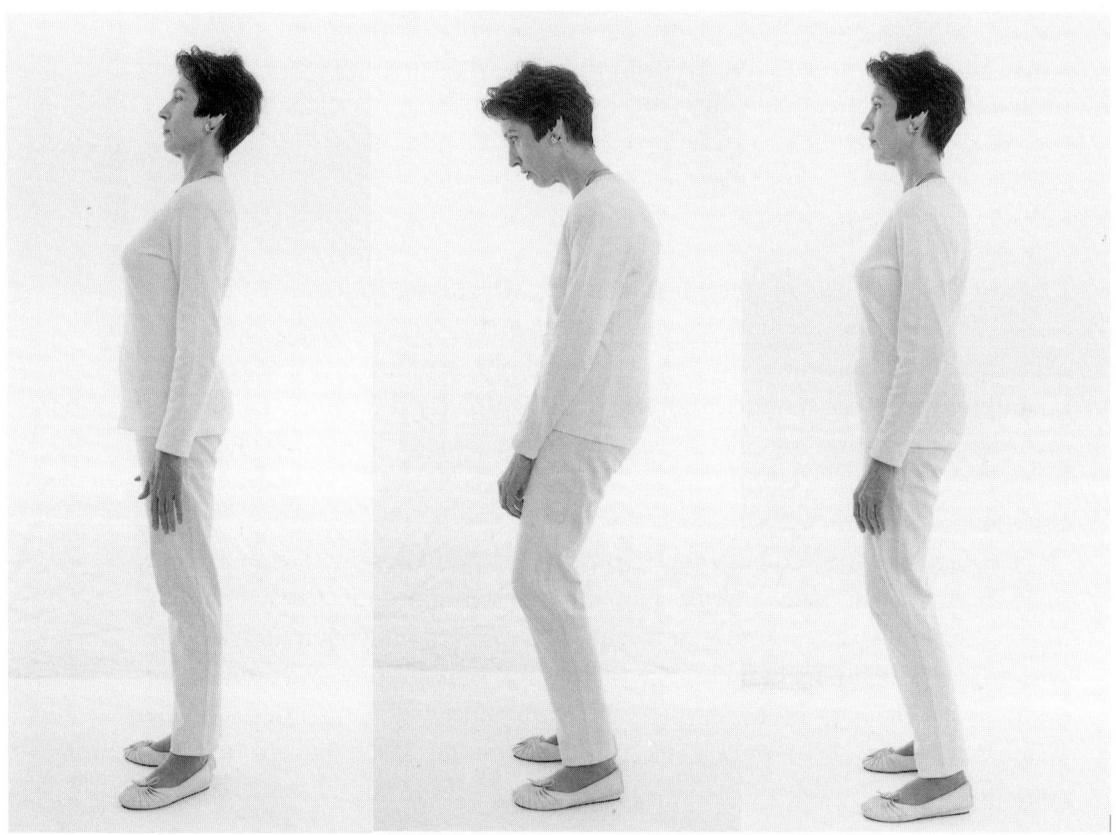

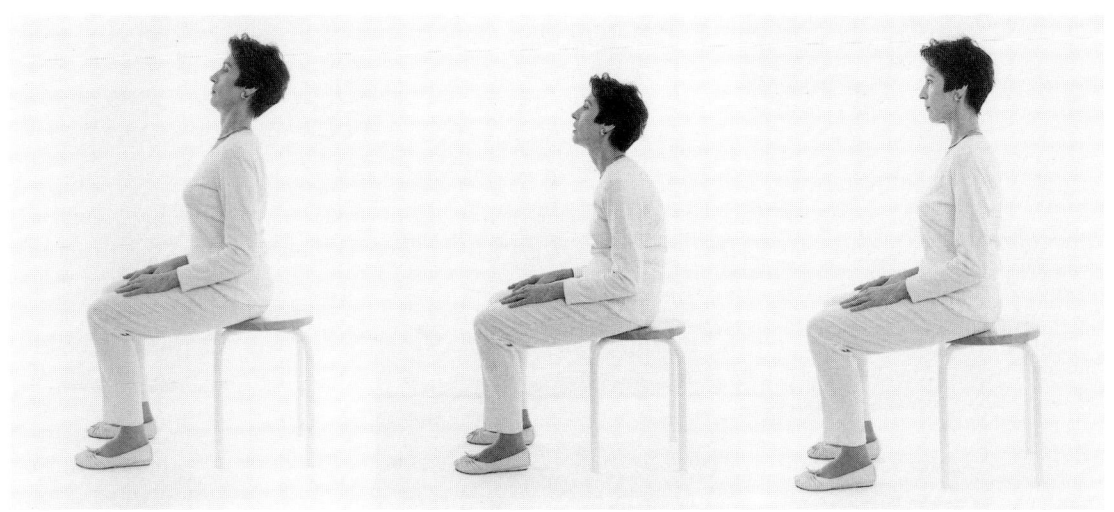

⌒ Die gelöste Haltung

1. Im Stehen: Stellen Sie sich in Beckenbreite hin und achten Sie darauf, dass Ihre Fußspitzen geradeaus gerichtet sind und Ihre Knie leicht gebeugt. Können Sie wahrnehmen, wie diese Art zu stehen eine gelöste Haltung und mehr Bodenständigkeit ermöglicht? Kreisen Sie leicht und spielerisch über Ihren Füßen und verlagern Sie Ihr Gewicht abwechselnd nach rechts und links. Lassen Sie Ihren Atem frei fließen. Dieses »durchatmete« Stehen können Sie überall im Alltag üben, sogar in dezenter Form beim Anstehen nach Kinokarten. Es verhindert Rücken- und Gelenkbeschwerden und macht Sie flexibler in Ihren Bewegungen (vielleicht auch in Ihrem Denken?).

2. Im Sitzen: Versuchen Sie, auf dem höchsten Punkt Ihrer beiden Sitzknochen zu sitzen, indem Sie einige Male über sie hinweg nach hinten und nach vorne rollen und schließlich in der Mitte sitzen bleiben. Stellen Sie sich zusätzlich vor, dass ein Marionettenfaden auf Ihrer Kopfmitte angebracht ist, an dem Sie sich selbst sanft nach oben ziehen können (probieren Sie es tatsächlich mit ein paar Kopfhärchen aus: Ist es angenehm?). Nutzen Sie jede Möglichkeit, diese Art Sitzen zu üben. Am Anfang wird es Ihnen noch ungewohnt vorkommen, länger so zu sitzen. Mit der Zeit nimmt Ihr Körper von selbst diese (für den gesamten Organismus) bessere Sitzhaltung ein, ohne dass Sie daran denken – zumal, wenn Sie gleichzeitig über Rückenübungen (siehe Seite 51) Ihren Rücken stärken. Ihre Füße sollten dabei immer mit der ganzen Sohle den Boden berühren und parallel zueinander stehen.

Eine günstige Körperhaltung beginnt immer bei der Stellung Ihrer Füße und einem guten Bodenkontakt.

Für uns Frauen entstehen hier manchmal Situationen, die Kompromisse erfordern: Wenn Sie zum Beispiel einen kurzen Rock tragen, wirkt ein Stehen in Beckenbreite unelegant – dann sollten Sie entweder in Schrittstellung oder weniger breit stehen. Und bedenken Sie auch: Je höher Ihre Absätze sind, desto mehr verlieren Sie natürlich den Kontakt zum Boden. Deshalb ist es ratsam, dass Sie sich bei besonders wichtigen – auch berufsbedingten – Gesprächen »atemgünstig« kleiden. Abgesehen davon werden Sie bestimmt nach einiger Zeit des Übens feststellen, dass Ihr Körper einengende Kleidung allmählich nicht mehr mag.

Unsere Haltung und Aufrichtung wird ständig durch unser Erleben geprägt: Wir ver-halten uns, halten »durch«, »an uns« oder »halten uns mühsam aufrecht«. Für viele von uns bedeutet es immer wieder eine wahre Leistung, sich jeden Morgen neu aufzurichten – so mancher Rücken hat viel zu tragen. Leider nimmt ein Großteil der Bevölkerung es ergeben als Schicksal hin, im Alter gebeugt zu gehen – »man« hat sich eben viel im Leben aufgebürdet, jeder »trägt sein Päckchen« – natürlich auf dem Rücken. Jeder dritte Erwachsene, jedes zweite Schulkind hat heutzutage Rückenschmerzen!

Wenn Sie sich traurig oder mutlos fühlen, gehen und stehen Sie bestimmt nicht gerade besonders aufrecht, sondern Sie lassen »den Kopf hängen« und werden im Schultergürtel eher schmal, und Ihre Gesten sind auch nicht besonders raumgreifend. Sind Sie dagegen optimistisch eingestellt oder in einer freudigen Stimmung, so atmen Sie automatisch mehr »durch«, richten sich besser auf und Ihre Bewegungen und Gesten werden weiter und größer. Wenn Sie nun öfter »rückenstärkende« Übungen machen, werden Sie merken, dass Sie auch im Alltag ganz von selber aufrecht gehen können, und das wirkt sich natürlich wiederum förderlich auf Ihre Stimmung aus. Eine der besten Übungen für einen gut durchatmeten Rücken und viele andere Funktionen des Körpers ist das

Wirbelsäule abrollen

Stehen Sie in Beckenbreite mit lockeren Knien. Dann senken Sie Ihren Kopf und rollen auf diese Weise ganz allmählich Ihre Wirbelsäule ab. Lassen Sie Kopf und Arme hängen, bis Sie sich schließlich vom Kreuzbein her ganz locker »aushängen« können. Dann dehnen Sie einige Male abwechselnd einen Arm nach vorn, bis in Ihre Fingerkuppen hinein, als würden Sie nach etwas greifen, und lösen diese Dehnung wieder mit einem geflüsterten »Hu«. Anschließend kehren Sie mit guter Rückenspürung sozusagen »Wirbel für Wirbel« ganz langsam wieder in die Aufrichtung zurück. Schultern, Hals und Kopf finden einen neuen Platz, und mit geöffneten Augen schauen Sie mit »neuem« Rücken aufgerichtet in die Welt. Lassen Sie Ihren Atem dabei immer gut fließen! Wenn Sie die Übung als zu anstrengend, unangenehm oder schmerzhaft empfinden, dürfen Sie nur so tief nach unten abrollen, wie es sich für Sie angenehm anfühlt. Bei regelmäßiger Übung wird der Rücken erfahrungsgemäß immer schmerzfreier.

Ein aufrechte Haltung stärkt Ihr Selbstbewusstsein und wirkt stets selbstbewusst auf andere. Aber es ist viel besser – und auf Dauer auch überzeugender –, wenn Sie eine solche Haltung nicht gewaltsam einüben: Auf dem Weg »von außen nach innen« würden Sie Ihren Körper beispielsweise mit Muskelanstrengung und -anspannung zur Aufrichtung geradezu zwingen, indem Sie sich »in die Brust werfen« und die Arme kräftig zurücknehmen. Und das nimmt Ihnen Ihr derartig geplagter Körper mit Sicherheit eines Tages schmerzhaft übel! Auf dem Weg »von innen nach außen« hingegen spüren Sie sich erst einmal selbst, Sie fragen sich, wie es Ihnen überhaupt geht und wie Sie sich in Ihrem Korper fühlen. Dann verschaffen Sie sich über Atemübungen mehr Durchlässigkeit und Gelöstheit. Dies führt dazu, dass Sie sich insgesamt wohler fühlen. Sie richten sich von alleine auf – mit atemgestärkter Muskelkraft.

An dieser Stelle möchte ich Ihnen endlich verraten, wie das eingangs erwähnte »Rückenklopfen« denn nun genau vonstatten geht:

∿∿ »Rückenklopfen«

Klopfen Sie zunächst mit Ihren Fäusten sanft das Kreuzbein des Partners. Nach einiger Zeit streichen Sie mit Ihren Handinnenflächen die Nierengegend von der Mitte nach außen. Dann klopfen sie den oberen Rücken, wobei Sie hier auch die Handkanten, Fingerkuppen oder die flache Hand benutzen können. Der Partner wird es Ihnen danken, wenn Sie den Schulterbereich und die Gegend um den Nacken herum besonders intensiv mit hineinnehmen. Bitte beachten Sie, dass der andere jeweils die Stärke des Klopfens und Streichens bestimmt – es sollte immer angenehm sein! Abschließend streichen Sie noch einige Male den Rücken von oben nach unten aus. Nach dem Nachspüren sind Sie dran! Unterhalten Sie sich anschließend über die Wirkung.

Finden Sie Ihre ganz persönliche Gestik und Mimik

Gute und »echte« Gestik und Mimik lassen sich nur bis zu einem gewissen Grade erlernen. Vielleicht fällt Ihnen dazu unmittelbar ein Politiker ein, bei dem die Gestik hölzern und gewollt wirkt, oder eine Moderatorin, die eine überzogene Mimik an den Tag legt. Wir erkennen sehr bald, ob Gestik und Mimik natürlich sind, das heißt ob sie von der Persönlichkeit des Betreffenden durchlebt werden. Bedenken Sie jedoch auch, dass Faktoren wie Lampenfieber, Unsicherheit, Stress oder körperliches Unwohlsein häufig eine nicht zu unterschätzende Rolle spielen, inwieweit ein Mensch sich auf seine spontane Gestik und Mimik verlässt oder vielleicht gerade in einer solchen Verfassung – bewusst oder unbewusst – meint, diese noch verstärken zu müssen. Wenn ein Mensch in einer derartigen Situation sich selbst also nicht genügend vertraut und versucht, sich beispielsweise absichtlich mit den Armen mehr Raum zu nehmen, »Raum zu ergreifen«, diese Geste aber gar nicht seiner inneren Verfassung entspricht (denn vielleicht möchte er sich viel lieber ins nächste Mauseloch verkriechen), kommt sie dem Außenstehenden wenig überzeugend vor. Um das zu verhindern, geben erfahrene Rhetoriker hier einen ganz einfachen, aber wirkungsvollen Tipp:

Gehen Sie ins Gefühl! (und in die Empfindung ...)

Eine Landschaft beschreiben

Denken Sie einmal an eine wunderschöne Landschaft, an die Sie sich noch gut erinnern können. Beschreiben Sie sie Ihrer/m PartnerIn oder einem imaginären Publikum. Stellen Sie sich Ihre Landschaft mit all Ihren Sinnen vor: Sehen, hören, ertasten, riechen und schmecken Sie sie während des Erzählens so intensiv wie möglich. Sie und Ihr Publikum werden bemerken, dass Ihre Gestik und Mimik bedeutend gewinnen.

Aber es gibt noch Steigerungen: Wir wissen ja nun, dass Gefühl, Empfindung und Atembewegung eng miteinander verknüpft sind. Je freier und gelöster Sie sich bewegen, das heißt, je besser Sie Ihren Körper spüren und kennen gelernt haben und seine ursprünglichen Bewegungen zulassen können, desto intensiver vermögen Sie auch zu fühlen und desto wahrhaftiger und persönlicher werden Sie auch Ihren Gefühlen in Mimik und Gestik Ausdruck verleihen können. Der Schlüssel hierzu liegt also weniger im Tun, sondern im (Los-)Lassen.

Hierbei sind hauptsächlich alle unsere Gelenke beteiligt. Probieren Sie doch gleich einmal Folgendes:

Stehen Sie in Beckenbreite und in Ihren Knien etwas gebeugt. Verlagern Sie in leichten Schüttelbewegungen Ihr Gewicht von einem zum anderen Fuß, wobei Sie mit Ihren Ballen immer im Bodenkontakt bleiben sollten. Spüren Sie, wie sich Ihre Gelenke mehr und mehr »lösen«: Ihre Zehen-, Fuß-, Knie- und Hüftgelenke, alle Wirbelsäulengelenke, Ihre Schulter-, Ellenbogen-, Hand- und Fingergelenke. Lassen Sie Ihren Kopf sanft hängen, und lösen Sie auch Ihre Kiefergelenke sowie Ihre Zunge – vielleicht haben Sie Lust, dabei zu brummeln oder andere »Lösungslaute« von sich zu geben. Variieren Sie das Federn nach Bedarf: ganz leicht oder so stark, als ob Sie imaginäre Wassertropfen von sich abschütteln wollten. Probieren Sie auch einmal, unerwünschte Gedanken und Gefühle wie Ärger oder Angst (die uns leicht verkrampfen lassen) abzuschütteln. Lassen Sie die ganze Zeit über Ihren Atem frei fließen. Gibt es im Nachspüren einen Seufzer der Erleichterung?

Empfindungsvolles Loslassen und Gelassenheit mit uns selbst und anderen sind die besten Voraussetzungen für eine ausdrucksvolle Körpersprache.

Wir handeln und sprechen aus dem ganzen Körper heraus
über Arme, Hände und Gesicht umso freier und gefühlvoller,
je empfindungsbewusster wir sind.

Das Spiel der Hände in einer »handlungsbereiten« Partnerschaft ...

Mit den Händen begrüßen Sie Ihre Mitmenschen, winken Ihnen zu oder lehnen etwas ab. Ihre Hände »erfassen« – wortwörtlich –, sie greifen, packen zu, geben, nehmen und empfangen, sie streicheln und liebkosen, halten fest und lassen los. Sie können aber auch stoßen, schlagen und manipulieren (lat. manus = die Hand). Hände – und insbesondere die Fingerkuppen – sind unser Haupt-Sinnesorgan für das Tasten – mit Mund und Händchen erforscht das Baby die Welt. Wie der Architekt, Embryologe und Sinologe Hugo Kükelhaus in einem Vortrag einmal erwähnte, entstehen unsere Hände in der embryonalen Entwicklung aus der Substanz der späteren Großhirnrinde und haben insofern eine Art eigene Intelligenz. Es gibt Menschen, deren Hände heilende Energien ausstrahlen (ich glaube, dass wir letzten Endes alle dazu fähig sind!).

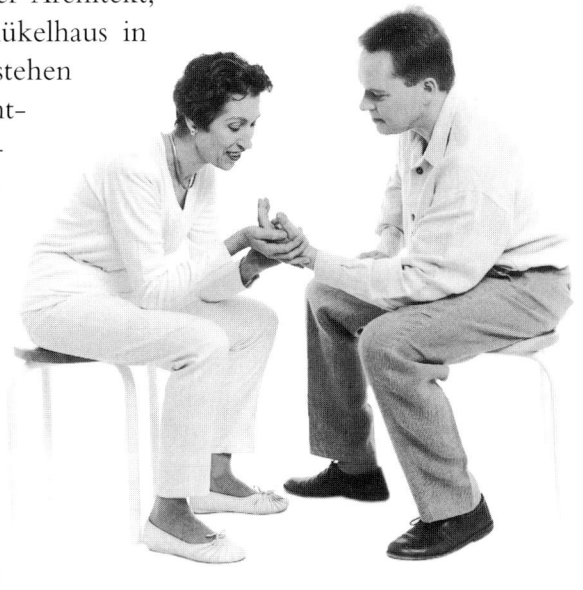

»Wie die Hand – so der Mensch«, meinen Chiromanen, die Künstler des Handlesens. Hände geben Informationen nach außen weiter – sie teilen sich durch Handlungen und Bewegungen mit – und leiten Informationen nach innen. Mit unseren Händen gestalten, modellieren wir unsere Welt, greifen nach unseren Zielen – vielleicht gar »nach den Sternen« –, nehmen unser Schicksal in die Hand – es liegt in unserer Hand! Wie handhaben Sie Ihr Leben?

Menschen, die sich mögen, gehen Hand in Hand. In anderen Kulturkreisen – wie Indien oder Afrika – halten sich auch (heterosexuelle) Männer in der Öffentlichkeit freundschaftlich die Hände. Was wir lieben, berühren wir auch gerne. Hand aufs Herz: Unsere Hände zeigen meistens ehrlicher und direkter, was wir fühlen und denken, als unsere Worte. Über Liebkosungen teilen wir unserem Liebsten unsere Gefühle mit – vielleicht tragen wir sie/ihn auch auf Händen ...? Ein kranker Mensch ist dankbar, wenn wir tröstend seine Hand halten, ein mutloser Freund, wenn wir unsere Hand begütigend auf seine Schulter legen, und anschließend »hand-eln« wir, indem wir »in die Hände spucken« und »ordentlich mit anfassen«. Kinder fühlen sich geborgen, wenn sie schützend gehalten werden. (Jirina Prekop entwickelte sogar die Festhalte-Therapie, bei der gestörte Kinder und Erwachsene durch stundenlanges Umarmen und Festhalten allmählich wieder Vertrauen zu Ihrer Umwelt fassen.)

Über unsere Hände lassen wir den anderen entscheidend an unserer Stimmung teilhaben.

Es ist zum Beispiel eine wunderbare und für beide beglückende Empfindung, mit der Hand – und insbesondere der Handmitte – die Atembewegung des Partners wahrzunehmen – Hand und Körper können richtig miteinander »sprechen«! Probieren Sie es zunächst einmal an sich selbst aus (siehe nebenstehende Abbildungen).

∿ *Atembewegung über die Hände erfahren – allein ...*

Legen Sie Ihre Hände jeweils für zirka eine halbe Minute auf Ihre Mitte (in Höhe des Magens), Bauch, die Gegend unter dem rechten und linken Schlüsselbein, Kreuzbein (die Knochenplatte am unteren Ende Ihres Rückens), Nierenbereich und Flanken. Spüren Sie, wie unterschiedlich Ihre Atembewegung sein kann? In manchen Bereichen ist sie kaum oder gar nicht wahrzunehmen, in anderen geht sie tiefer, und in manchen verstärkt sie sich vielleicht durch Ihre Berührung und intensive Sammlung.

∿∿ *... mit dem Partner*

Wenn Sie diese Erfahrung mit Ihrem Partner oder Ihrer Partnerin machen wollen, so sollten Sie zunächst abwechselnd die Hände auflegen. Ein gleichzeitiges, gegenseitiges Erspüren der Atembewegung kann dann zum Beispiel abends ein seliges Einschlummern fördern. Es könnte aber auch, je nach Verfassung, anregend wirken und Lust auf mehr und intensivere Berührungen hervorrufen ... Ganz wonniglich kann es auch sein, wenn Sie mit anderen Körpergegenden Ihre eigene Atembewegung sowie die Ihres Partners, Ihrer Partnerin wahrnehmen (z.B. Bauch an Bauch – oder Rücken). Am schönsten fühlt es sich an, wenn Sie auch hier Ihren Atem wirklich von selber kommen und gehen lassen und beide nicht etwa willentlich versuchen, im gleichen Rhythmus zu atmen.

Vielleicht haben Sie ja einmal Lust, Ihre Hände genauer, im wahrsten Sinne des Wortes, zu begreifen (nebenbei gefragt – mögen Sie Ihre Hände eigentlich?):

56

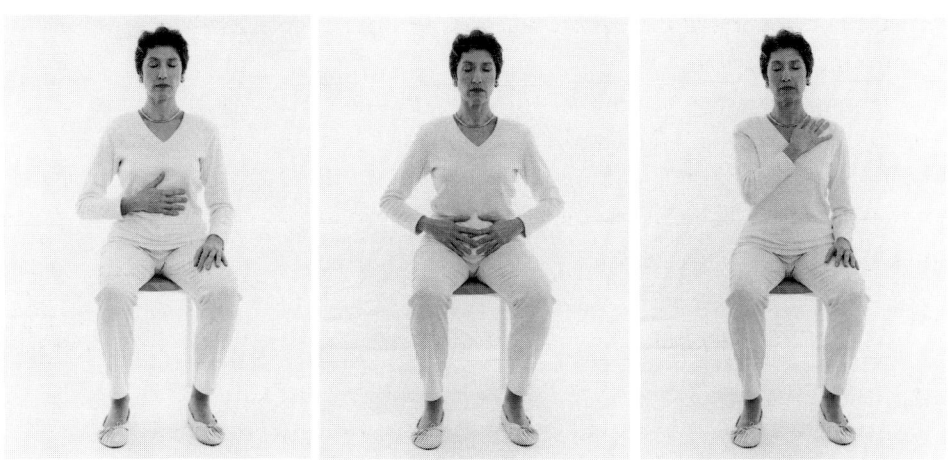

~~~ *Hände »begreifen«*

Sitzen Sie aufrecht und legen Sie Ihre Hände nach oben hin geöffnet auf Ihre Oberschenkel. Wandern Sie mit einer Hand zur anderen und entdecken Sie diese, als ob Sie zum allerersten Mal in Ihrem Leben eine neue Landschaft betreten würden. Lassen Sie Ihren Atem frei fließen. Drehen Sie nach einiger Zeit die »begriffene« Hand um und ertasten Sie auch Ihren Handrücken. Entdecken Sie Vertiefungen und Erhöhungen, Trockenheit und Feuchtigkeit. Spüren Sie nach, und entdecken Sie dann Ihre andere Hand (aber gehen Sie nicht etwa davon aus, dass beide gleich sind ...).

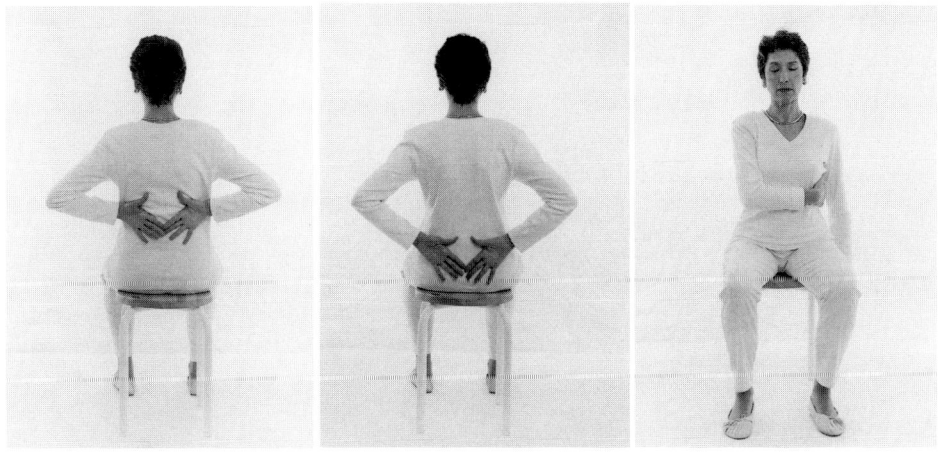

Unsere Augen: Der »Spiegel unserer Seele«

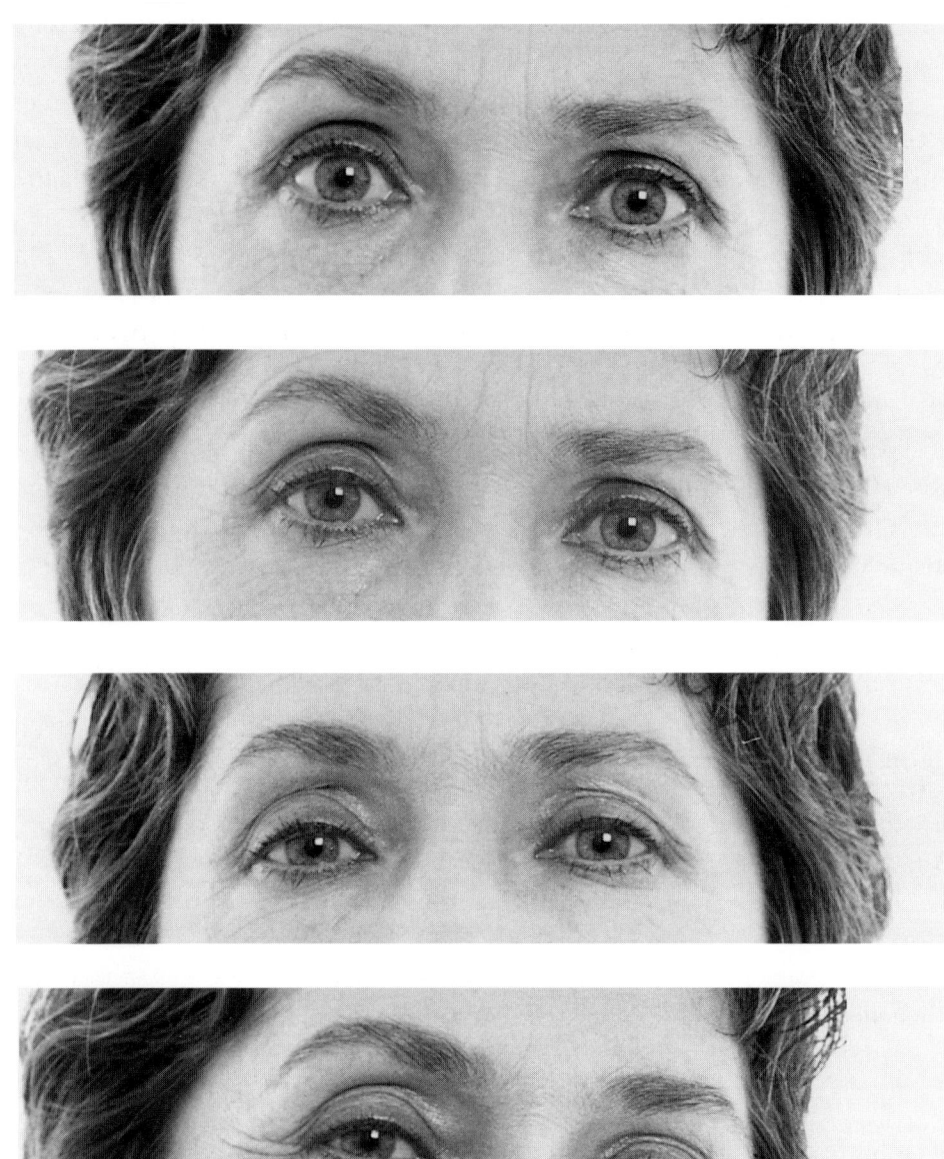

Die meisten Kontakte zwischen Menschen – und unzähligen Tierarten – werden entscheidend von der Art und Weise des Blickes geprägt und so spielt der Blickkontakt im menschlichen Zusammenleben eine wesentliche Rolle.

Bereits als Säugling orientieren wir uns entsprechend dem Vorbild der Eltern über das Hin- oder Wegschauen, um uns mit den Menschen in unserer Umgebung besser »abstimmen« zu können. Blicke können »Bände sprechen«, sie vermögen Sympathie auszudrücken (»mit den Augen verschlingen«) oder Antipathie vermitteln (»wenn Blicke töten könnten«). Ein Blick kann getrübt oder verschleiert sein, bohrend oder messerscharf. Am Blick eines Menschen können Sie erkennen, ob er gerne und freudig auf dieser Welt lebt, ob er betrübt ist oder Angst hat – der Ängstliche oder Unsichere lässt andere nicht in sich hineinschauen, denn es könnte ihn gefährden. Und selbst ein von Ihrer Umgebung als selbstbewusst eingeschätzter Mensch könnte – näher betrachtet – womöglich gar nicht mehr so selbstsicher wirken, wenn Sie versuchen würden, einen offenen oder tieferen Blickkontakt mit ihm herzustellen – vielleicht hat er ja doch etwas zu verbergen und möchte sich nicht in seine Karten schauen lassen?

> Ein Blick sagt »mehr als 1000 Worte«.

Ein Blick kann aber auch noch etwas ganz anderes bewirken: Kennen Sie nicht auch diese ganz besondere Empfindung im Rücken, wenn Sie von jemandem, der sich hinter Ihnen befindet, angeschaut werden? Denn unsere Augen nehmen nicht nur Bilder auf, sondern geben auch Energie ab.

Westliche Menschen stellen immer wieder fest, dass im Unterschied zu uns so gut wie alle Naturvölker sowie viele Völker des Ostens, zum Beispiel die Inder, viel offener, »seelenvoller« blicken, ähnlich, wie es bei uns nur noch kleine Kinder tun.

> Ihre Augen sind die Fenster in Ihrem Körper-Haus.

Nur Sie entscheiden, bewusst oder unbewusst, ob Sie Ihre Fenster weit öffnen oder die Gardinen vorziehen. Über die Tiefe und Dauer Ihres Blickkontakts lassen Sie Ihre Mitmenschen überaus differenziert an Ihrer

Gedanken- und Gefühlswelt, an Ihrer »Seinswelt« teilhaben. Und Sie schützen sich über Ihre Augen mindestens ebenso intensiv wie über Ihre Körperhaltung.

Ein Flirt beginnt, wenn sich beide länger als drei Sekunden ansehen. Im Zustand des Verliebtseins können wir uns »stundenlang« in die Augen schauen (und bis zu sieben Himmel öffnen sich ...). Wir fühlen uns verzaubert und lassen den anderen gern und tief durch unsere Augenfenster in die Zimmer unseres Hauses sehen. Wir möchten, dass dieser andere Mensch uns ganz erkennt, fühlen wir uns doch bestätigt in unserem Sein, so wie wir den anderen in seiner Wesensart ebenso vollständig annehmen. Noch akzeptieren, ja idealisieren wir die neu entdeckte Persönlichkeit des Partners ohne Wünsche, Ansprüche und Forderungen. Früher oder später betrachten wir ihn kritischer, und vielen Paaren gehen damit leider auch Liebe sowie Bewunderung für die Einzigartigkeit des anderen verloren – und zwangsläufig auch Innigkeit und Dauer des Blickkontakts.

Im Laufe der Jahre meiner Atempraxis erlebe ich immer wieder, wie sich Paare über Atemübungen neu entdecken und erleben können. Erhalten wir nicht auch mit jedem Atemzug erneut die Chance, uns gegenseitig neu zu erblicken und zu erkennen?

Für eine gelungene Kommunikation ist der Blickkontakt ein entscheidendes Element.

Je sicherer Sie sich fühlen, je ruhiger Sie sind, desto besser können Sie direkt aus Ihren inneren Kraftquellen heraus kommunizieren. Je mehr Sie sich – auch und gerade – körperlich in der Mitte Ihres Seins fühlen, desto gelassener und vertrauensvoller schauen Sie in die Welt, und desto eher können Sie es sich erlauben, dem anderen »Ein-blick« zu gestatten.

Haben Sie sich eigentlich schon einmal intensiver mit Ihren Augen beschäftigt?

Sich selbst in die Augen schauen

Schauen Sie sich 10 (lange) Minuten im Spiegel an, so als seien Sie verliebt in sich selbst. Sie können sich auch fragen, was Ihnen Ihre Augen bedeuten. Vielleicht entdecken Sie einiges neu ...

Abschließend noch eine Übung, die Ihnen mehr über die Bedeutung Ihrer Augen verraten kann und gleichzeitig das Empfindungsbewusstsein für Ihre Hände fördert (zusammen mit dem Partner):

Mit verbundenen Augen »sehen«

Verbinden Sie Ihre Augen und versuchen Sie, eine Stunde lang mit allen anderen Sinnen, also uber Ihren Körper, Ihre Füße und Hände, Ihren Hör-, Geruchs- und Geschmackssinn, Ihre Umwelt – und später auch Ihren Partner – zu erkunden Nehmen Sie wahr, wie sich Ihr Atem verändert! Der Partner hat hier lediglich die

Aufgabe, aufzupassen, dass Sie sich und Ihrer Umgebung keinen Schaden zufügen. Sie können im Zimmer oder Haus bleiben oder, wenn Sie sich mutig genug fühlen, auf die Straße gehen. Je nach Verkehrslage ist es hier allerdings empfehlenswert, wenn Sie zeitweilig Hand in Hand gehen (Sie selber sollten aber immer die/der »Führende« sein). Können Sie sich vorstellen, wie erlebnisreich und beglückend solch eine Entdeckungsreise – ganz besonders in freier Natur – sein kann? Nehmen Sie sich viel Zeit, wenn Sie die Augenbinde wieder abnehmen und Ihre Augen öffnen. Vielleicht betrachten Sie nun Ihre Außenwelt mit ganz »neuen« Augen?

Natürlich können Sie den Zeitraum beliebig ausweiten. Vor Jahren leitete ich einmal eine Gruppe von zehn Teilnehmern, von denen die Hälfte jeweils einen halben Tag lang mit der Augenbinde herumlief. Neben Spaziergängen durchs gesamte Haus und in die Umgebung machten wir Atemübungen, massierten uns gegenseitig die Füße und den Rücken, experimentierten mit Düften und formten aus Brotteig mehr oder weniger kunstfertig Gebäck, welches wir dann zusammen mit weiteren gemeinschaftlich zubereiteten Speisen genüsslich verzehrten (... versuchen Sie mal, mit verbundenen Augen zu essen ...). Wir hatten viel Spaß miteinander und erfanden immer wieder neue Entdeckungsreisen und -spiele. Und es gab tatsächlich einige, die die Augenbinde anschließend gern noch länger getragen hätten ...

Süßer die Stimmen nie klingen ...

Nichts übermittelt Ihre Befindlichkeit so genau – seismographisch messbar – wie Ihre Stimme. An der Stimmerzeugung beteiligen sich mehr als 100 Muskelgruppen!

Wir sprechen von »guter Stimmung«, »Verstimmung« oder dass »etwas (nicht) stimmt«. Über unsere Stimme bewirken wir bei unserem Gegenüber Vertrauen oder Vorsicht, wir klingen glaubwürdig und überzeugend oder schwankend bis »falsch«. Der Sozialpsychologe Mehrabian hat experimentell herausgefunden, dass in der menschlichen Kommunikation der verbale Inhalt lediglich 7 Prozent ausmacht, dem Gesichtsausdruck 55 Prozent zukommen und dem Tonfall 38 Prozent![10]

Über ihren zärtlichen Stimmklang vermittelt die Mutter ihrem beunruhigten Baby Geborgenheit und vermag es zu besänftigten. Manche Paare lernen sich zunächst über ihre Stimmen – via Telefon – kennen und lieben. Und – geht es Ihnen nicht »unter die Haut«, wenn Ihnen Ihr/e PartnerIn liebevolle Worte ins Ohr flüstert? Stimmen schmeicheln, verheißen und verführen oder wirken abstoßend, weil sie gepresst, schrill oder kratzend klingen.

Stimme und Stimmung sind untrennbar.

Man hat festgestellt, dass tiefe Stimmen grundsätzlich mehr Selbstbewusstsein, Durchsetzungsfähigkeit und Vertrauenswürdigkeit signalisieren als hohe. Eine kräftige Stimme vermittelt Vitalität, eine leise Vorsicht und Unsicherheit. Manche Frauen haben die Gewohnheit entwickelt, mit »Kleinmädchenstimme« zu sprechen, weil sie die Erfahrung machten, dass sie dann von Männern mehr umsorgt und beschützt werden. Wie zu Anfang dieses Kapitels bereits erwähnt, erlernen wir den Klang unserer Stimme durch das Vorbild unserer Eltern. In meiner Oberschulzeit kannte ich eine Familie mit vier Töchtern. Ich geriet am Telefon jedes Mal in Schwierigkeiten, sowohl sämtliche Töchter als auch ihre Mutter über die Stimme voneinander zu unterscheiden. Leider habe ich heute keinen Kontakt mehr zu ihnen – es wäre interessant zu erfahren, ob die Töchter sich – inzwischen erwachsen und selbständig – auch stimmlich differenziert weiterentwickelt haben.

Ihre Stimme ist Ausdruck und Spiegel Ihrer Persönlichkeit.

Wenn Sie sich selbst lieben und bejahen, klingt sie anders als bei Minderwertigkeitsgefühlen, Stress oder Angst. Warum ist das so? Die letztgenannten Gefühle ziehen körperliche Verkrampfungen nach sich, welche wiederum den Stimmklang bedeutend beeinflussen. »Der Körper lügt nicht«, sagt der Bioenergetiker Alexander Lowen. Ein Mensch, der sich überfordert fühlt, spricht eher mit einer bemühten oder gepressten Stimme, und jemand, der bereits als Kind seine Gefühle nicht zeigen durfte, eher monoton. Wird ein Kind ständig angetrieben, spricht es hastig und schnell und entwickelt unter Umständen Sprechprobleme wie Stottern oder Stammeln. Oft ist uns die Freude am stimmlichen Ausdruck bereits in der Schulzeit abhanden gekommen – denken wir nur an das Vorsingen im Musikunterricht: Der Klang unserer Stimme – unsere Stimmung, unsere Gefühle – wird beurteilt, dabei eventuell auch abgeurteilt, auf jeden Fall benotet. Auch das »Lautsein« wird vielen Kindern – vorwiegend den Mädchen – verboten. Als erwachsene Frauen stellen sie dann irgendwann fest, dass sie nicht einmal mehr schreien können – viele müssen es mühselig wieder neu lernen, zum Beispiel in Selbstverteidigungskursen.

»Der Grad der stimmlichen Entwicklung zeigt an, in welchem Maße eine persönliche Entwicklung im Sinne einer Entfaltung des körperimmanenten Wissens stattgefunden hat«, meint der Gesangspädagoge Romeo Alavi Kia[11]. Und »Stimme ist ihrem Wesen nach Atem, der auf eine höhere und konkretere Ausdrucksebene transformiert wurde«.[12]

Über Atemübungen kommen wir wieder zu einem lustvollen, freudegetragenen Sprechen, bei dem wir als ganzer Mensch von Fuß bis Kopf beteiligt sind. Parameter wie Tempo, Artikulation, Sprachfluss, Lautstärke und Modulation werden in förderlicher Weise beeinflusst. So führen grundsätzlich alle in diesem Buch genannten Atemübungen zu einem angenehmen Stimmklang, weil sich ein durchlässiger, durchatmeter und unverkrampfter Körper beim Sprechen auch besser ganzheitlich mitbewegt und alle Resonanzräume mitschwingen können. Viele Stimm- und Sprechschulen betonen die Wichtigkeit einer guten Zwerchfellbewegung – ist doch das Zwerchfell unser Hauptatemmuskel. Hier eine zunächst recht seltsam anmutende, aber absolut wirkungsvolle Übung für eine gute Zwerchfellbewegung:

∼ »Hecheln«

Sitzen Sie aufrecht und lassen Sie Ihre Zunge aus dem Mund heraushängen. Nun hecheln Sie – wie Sie es von Hunden kennen! Erspüren Sie dabei mit Ihren Händen die Atembewegung in Mitte, Flanken, Rücken, Brust- und Bauchraum. Wenn es Ihnen schwer fällt, gelöst zu hecheln, so versuchen Sie es einmal im Liegen. Falls Sie leicht einen trockenen Mund bekommen sollten, so können Sie Ihre Zunge auch wieder hineinnehmen und bei geschlossenem Mund in der gleichen Weise schnüffeln.

Von vielen Stimm- und Sprechschulen noch viel zu wenig beachtet, aber überaus bestimmend wirkt sich auch ein guter Muskeltonus im Beckenboden auf Stimme und Sprechen aus. Der Beckenboden (Diaphragma pelvis) umschließt und stützt zusammen mit dem Diaphragma urogenitale und einigen anderen Muskelgruppen Geschlechtsorgane, Harnröhre und After. Das Üben mit Vokalen und Konsonanten fördert einen guten Tonus der Beckenbodenmuskulatur. Über das »U« lernen Sie erst einmal, Ihren Beckenraum besser wahrzunehmen:

∼ Der Vokal *U*

Sitzen Sie aufrecht, spüren Sie Ihre Sitzhöcker und »singen« Sie schweigend im Ein- und Ausatmen den Vokal »U«. Nach einiger Zeit »tönen« Sie es. Mit »tönen« meine ich im Gegensatz zum Singen, dass Sie sozusagen auf Ihrem Ausatem ein **U** »transportieren«, aber ohne sich anzustrengen oder einen besonders schönen Ton erzeugen zu wollen. Lassen Sie dabei die Tonhöhe von selber entstehen, und drücken Sie nicht auf Ihre Stimme. Warten Sie vor allen Dingen stets, bis Ihr Einatem von selber kommt! Anschließend »singen« Sie das **U** noch einmal schweigend. Vielleicht spüren Sie einige Körpergegenden deutlicher, zum Beispiel durch vermehrte Atembewegung, Wärme oder Kribbeln. Auch Ihre Stimmung könnte sich gewandelt haben.

Das **U** bewirkt eine stärkere Atembewegung im Bauch- und Beckenraum. In der Regel wird es – wie alle Vokale und Konsonanten – erst nach einiger

Übung zuverlässig gespürt (empfehlenswert sind zum »Einüben« drei- bis fünfmal täglich fünf bis sieben Atemzüge über zwei Monate hinweg). Es macht ruhig und gelassen und ist deshalb auch als Einschlafübung geeignet. Einmal erarbeitet, hilft Ihnen das schweigend gesungene **U** in vielen Stress-Situationen – sogar mitten in aufregenden Gesprächen (und Ihr/e PartnerIn wundert sich, warum Sie auf einmal so ruhig bleiben ...).

Bezogen auf die Förderung Ihrer Stimme hilft das **U** Ihnen entscheidend, Anspannungen im ganzen Körper loszulassen, es wirkt lösend auf Ihren Beckenboden und Ihre Stimme kommt tatsächlich »aus dem Bauch«! Ebenfalls im Beckenboden lösend sowie tonisierend wirkt das »**F**«. Zuvor aber sollten Sie gezielt etwas für Ihren Beckenboden tun:

∾ *Zwischen den Sitzhöckern kreisen*

Sie sitzen aufrecht, spüren Ihre Sitzknochen und beschreiben einen winzigen Kreis zwischen Ihren Sitzhöckern. Wählen Sie Ihr eigenes Tempo und wechseln Sie bei Bedarf die Richtung. Spüren Sie gut nach. Vielleicht können Sie nun Ihren Beckenboden deutlicher wahrnehmen. Gleich anschließend üben Sie:

∾ *Der Konsonant F*

Formen Sie mit dem Mund ein »**F**«, indem Sie Ihre Schneidezähne auf das innere Viertel Ihrer Unterlippe legen. Entlassen Sie das **F** flüsternd als kurzen, scharfen (also mit Druck) Zischlaut im Ausatem. Im besten Falle zieht sich Ihre Beckenbodenmuskulatur (nach oben) zusammen und der neue Einatem kommt reflektorisch von selbst. Diese Kontraktionsbewegung können Sie auch, um sie erst einmal kennen zu lernen, willentlich ausführen. Meistens braucht es längere Übung, bis die Kontraktion von selber einsetzt.

Das **F** ist eine der besten Übungen, um aus dem ganzen Körper heraus sprechen zu können. Außerdem stützt es die Beckenmuskulatur – und damit die Bauchorgane – und hilft von daher wunderbar bei Hämorrhoiden, Inkontinenz oder Gebärmuttervorfall bzw. wirkt diesbezüglich vorbeugend.

3

Gegensätze
ziehen sich an –

*was Sie schon immer
über Liebe, Sexualität
und Empfindung
wissen wollten ...*

Die gegenseitige Anziehungskraft zwischen Mann und Frau – oder auch zwischen Mann und Mann sowie Frau und Frau – ist eines der Hauptthemen menschlicher Kultur – ganz bestimmt auch deshalb, weil sie uns äußerst angenehme Körperwahrnehmungen und besonders aufregende Gefühle vermittelt.

Im folgenden – zwangsläufig unvollkommenen – Überblick, der von den Erfahrungen jahrtausendealter Kulturen bis zu neueren naturwissenschaftlichen Erkenntnissen reicht, möchte ich Ihnen gerne einige unterschiedliche Sichtweisen beschreiben, die ich hinsichtlich dieses Themas für wissenswert und interessant halte. Über übliche Betrachtungen hinausgehend, werde ich die Darstellungen *jeweils von der Seite des Empfindungbewusstseins* her beleuchten. Außerdem beschränke ich

67

mich bei der Betrachtung des Themas »Liebe« vorwiegend auf die Liebe zwischen einem Paar.

Auf den letzten Abschnitt in diesem Kapitel dürfen Sie besonders gespannt sein: Dort werde ich Ihnen einige konkrete Übungen anbieten, von denen ich mir vorstellen könnte, dass Sie davon bisher noch nicht gehört oder gelesen haben. Sie dienen dazu, Ihre gegenseitige Anziehungskraft auch über größere Zeiträume hinweg zu fördern, und gewährleisten Ihnen spürbar nachvollziehbare Fortschritte.

Was haben bio-elektrische Feinströme mit gegenseitiger Anziehungskraft zu tun?

Allmählich dringt in unser westliches, rational denkendes Bewusstsein die Erkenntnis, dass wir auch jene Phänomene als wirksam anerkennen müssen, die wir derzeitig zwar täglich erfahren, jedoch (noch) nicht wissenschaftlich erklären können. Das gilt auch für das Phänomen der gegenseitigen Anziehungskraft zwischen Menschen sowie Mann und Frau.

Wenn wir uns mit den Erfahrungen alter Kulturen befassen, so wurde dort bereits seit Jahrtausenden intensiv über die Anziehungskräfte zwischen Menschen geforscht und von Generation zu Generation ein ungeheures Wissen − vorwiegend mündlich − weitergegeben. Im Vergleich hierzu stecken unsere Schulmedizin sowie »... die Psychologie des Westens noch in den Kinderschuhen«.[13]

Nach der chinesischen Lehre des Tao beispielsweise wurzeln alle Erscheinungen in Mensch und Natur in der Anziehungskraft und der gegenseitigen Ergänzung von Yin (weiblich) und Yang (männlich). Diese Auffassung ist nahezu identisch mit den Weisheiten der indischen, tibetischen und ägyptischen Kulturen und den Erkenntnissen einiger »westlicher« Sucher wie beispielsweise Paracelsus. Demnach fließen in allen Lebewesen bio-elektrische »Feinströme«, die für ein gutes Funktionieren unseres Organismus entscheidend sind − und deren Fluss durch das Zusammenwirken der beiden Pole Yin und Yang bestimmt wird. Der intensivste Austausch von Energien erfolgt also auf den feinstofflichen Ebenen. Diese Feinströme selbst sind heute sogar messbar, wobei hingegen ihre jahrtausendelang beobachteten *Auswirkungen* mit Messinstrumenten entweder gar nicht oder erst unvollständig nachgewiesen werden können.

Wenn nun das Yin und Yang eines Menschen in einem guten Ausgleich steht, fühlt er sich »stimmig«, da er in sich ruht. Nach außen hin hat er eine für andere deutlich wahrnehmbare angenehme Ausstrahlung. Und:

> Angenehme Körperempfindungen ziehen gesetzmäßig angenehme Gefühle und Gedanken nach sich – und umgekehrt.

Jene Feinströme fließen auch zwischen einzelnen Menschen, ja allen Lebewesen und sogar innerhalb der so genannten »unbelebten« Materie. Sie ermöglichen, dass Kräfte jeglicher Art ausgetauscht werden, und bestimmen somit entscheidend das Zusammenleben und -wirken von Mensch, Tier und Materie. Sie haben sicherlich in Ihrem Leben schon einige Menschen kennen gelernt, mit denen Sie sich auf Anhieb gut verstanden – es hat »gefunkt«. Und andersherum sind Ihnen bestimmt auch Situationen vertraut, in welchen beim besten Willen zwischen Ihnen und Ihrem Gesprächspartner nichts »in Gang« kam.

Nun könnte man meinen, dass der Grund für mehr oder weniger Verstehen oder Sympathie immer in intellektueller Übereinstimmung zu suchen wäre. Dies macht jedoch nur einen kleineren Teil des gegenseitigen Verständnisses aus – der größere Teil hängt von jenen Signalen und Informationen ab, die unsere Körper aussenden – und diese haben eben auch etwas mit unserer Gefühlswelt zu tun. Neben anderen »gröberen« Faktoren, die Sympathie oder Antipathie in uns auslösen, wie beispielsweise Ähnlichkeiten zu uns bereits bekannten Menschen und/oder die Körpersprache, bestimmen hier also auch noch die »feineren« Ströme entscheidend mit. Sie eignen sich besonders gut, um Gefühle zu »transportieren«.

Diejenigen Gefühle, mit denen sich ein Mensch in seinem Leben hauptsächlich beschäftigt, sendet er auch unbewusst aus. Sie stoßen beim »Empfänger« immer dann auf Resonanz, wenn er dafür offen ist. Inwieweit Sie sich von für Sie angenehmen oder unangenehmen Schwingungen gefühlsmäßig »anstecken« lassen, hängt davon ab, ob diese Ihrem Organismus *vertraut* vorkommen, inwieweit Sie sich selber zum betreffenden Zeitpunkt für neue Impulse oder Anregungen *öffnen* wollen (oder können), in welcher *Stimmung* Sie gerade sind und schließlich auch von Ihrer *bewussten Entscheidung.*

Denken Sie einmal an einen nervösen Menschen. Falls Sie in seiner Nähe zu tun haben, werden Sie seine unruhige Ausstrahlung mit Sicherheit als absolut unangenehm empfinden. Wenn Sie nun nicht genügend Ihre eigene (hoffentlich an diesem Tag ausgeglichene) Haltung dagegensetzen, lassen auch Sie sich bald von seiner Unruhe erfassen. Solch eine Schwingung wirkt nahezu ansteckend, weil sie sich automatisch in die gesamte Umgebung ausbreitet. Falls Sie gerade in einer fröhlichen und verständnisvollen Stimmung sind, macht Sie das jedoch weniger angreifbar. Vielleicht kennen Sie die folgende Situation: Ihr Partner ist wütend, Sie aber können ganz gelassen bleiben und mit dieser Haltung womöglich sogar dahin gehend auf ihn einwirken, dass sich »sein Fell« (die Oberflächenspannung seiner Haut) wieder glättet.

Das bewusste Wahrnehmen der Ausstrahlung von Menschen und eine damit verbundene Schulung des Empfindungsbewusstseins geht uns westlichen Menschen bereits in der Kindheit bis auf einen verhältnismäßig kleinen Rest verloren. Gelegentlich sprechen wir vielleicht noch von einem Menschen, der »schleimig« oder »trocken« wirkt. Im Allgemeinen aber legen wir in Begegnungen mehr Wert auf den intellektuellen Gehalt als auf das, was beide gerade fühlen. Nur kleine Kinder sowie unsere Haustiere haben noch einen »Nerv« für Menschen, die Ihnen mehr oder weniger gut tun: Sie äußern spontan, was sie über einen Menschen empfinden, und wenden sich ihm – wir nennen es »instinktiv« – zu oder ab.

Unsere Körperempfindungen bestimmen wesentlich mit,
wie unsere Kontakte, Beurteilungen und Handlungen verlaufen.

Wenn wir (wieder) lernen würden, bewusster auf die Empfindungen unseres Körpers zu achten, verliefe so manche Kommunikation zumindest achtsamer – vor Täuschungen allerdings können wir uns nicht gänzlich schützen.

70

Es hat »gefunkt«! Mehr über Verliebtheit, Liebe und Körperchemie

»Die Liebe ist in ihrem Wesen die Freude der Einheit, Ihren höchsten Ausdruck findet sie in der Seligkeit der Einswerdung«, sagt Mira Alfassa[14]. Und weiter: Sie besteht »... aus zwei Bewegungen, den zwei ergänzenden Polen des Drangs nach der vollkommenen Verschmelzung. Die eine Seite ist die Macht der höchsten Anziehung, die andere der unwiderstehliche Drang nach der völligen Selbsthingabe.«

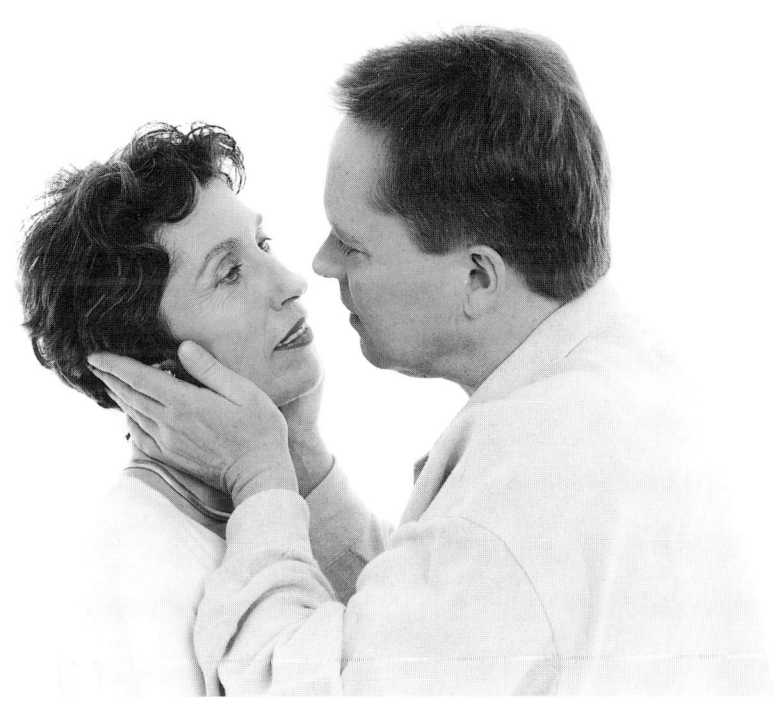

Die Anziehungskraft oder der »Magnetismus« zwischen zwei Menschen bis hin zum Mysterium der Liebe faszinieren uns immer wieder neu. Liebe verzaubert und »geht durch den Magen«, und das Hochgefühl des Verliebtseins lässt uns »wie auf Wolken« wandeln, der »Himmel hängt voller Geigen«, und wir spüren ein aufregendes Kribbeln im Bauch, so als würden wir in angenehmer Weise »wie unter Strom« stehen (... es hat gefunkt!).

Was unternehmen wir nicht alles, um diese wundervolle, ganz spezielle Empfindung zu erlangen!

Über das Geschenk der Liebe fühlen wir uns nicht nur eins mit dem geliebten Menschen, sondern mit allen anderen in naher und ferner Umgebung – am liebsten möchten wir »die ganze Welt umarmen«! Wir erfahren uns selbst durch den anderen in einer neuen Weise, sehen mehr Sinn im Leben und haben wieder mehr Freude daran. Liebe vermittelt uns »... die Ahnung einer dank dem Du erschlossenen neuen Außen- und Innenwelt«.[15]

Neben dem »Liebesfunken« gibt es noch weitere vielfältige Spielarten der Anziehungskraft. Ein gegenseitiges »Funken« auf geistiger Ebene beispielsweise kann zu einer durchwachten Nacht mit intellektuell höchst anregenden Gesprächen führen. Künstler schwärmen noch nach Jahren über kostbare Momente, in welchen der »kreative Funke« übersprang und sich eine Gruppe wie ein einziger Organismus im gemeinsamen Improvisieren fand.

Das »Funken« kann auch rein sexueller Natur sein. Ich erinnere mich noch gut an meine erste Erfahrung, die ich mit der Macht gegenseitiger sexueller Anziehungskraft in jungen Jahren machte. Ich stand zu fortgeschrittener Stunde – es waren nur noch wenige Menschen im Raum – an der Theke eines Jugendclubs neben einem Jungen, der auf mich eine ungeheure, vorher nie gekannte sexuelle Anziehungskraft ausübte. Ich fragte mich, ob es ihm wohl genauso ginge, und wunderte mich gleichzeitig über meine Empfindungen, da ich ihn ansonsten nicht einmal besonders attraktiv fand oder den Wunsch verspürt hätte, mit ihm näher in Kontakt zu kommen. Jedenfalls wurde dieser »Magnetismus« zwischen uns so drängend, dass wir uns, ohne vorher ein einziges Wort ausgetauscht zu haben, plötzlich wie auf Kommando umarmten und eine Ewigkeit lang leidenschaftlich küssten. Irgendwann einmal wollte der Club schließen und wir trennten uns – befriedigt und immer noch ohne Worte.

Ein sexuelles Funken ist in den meisten Fällen mitbestimmend bei der Wahl unseres Partners. Welche Art von »Funken« Sie aber auch erleben mögen – die Empfindungen sind immer ganz ähnlich und wirken angenehm aufregend: Alle Ihre Sinne sind hellwach, Sie fühlen sich wahrhaft »elektrisiert«, und je nachdem, auf welcher Ebene die Anregung stattfindet, empfinden Sie sich gefühlsmäßig, geistig oder sexuell tief bewegt, springlebendig und absolut gegenwärtig.

Forscher interessierten sich schon immer dafür, was sich bei solchen Vorgängen auf bio-chemischer Ebene abspielt. So fanden sie heraus, dass – insbesondere im Zustand des Verliebtseins – sich auch einiges in der Körperchemie verändert. So wird zum Beispiel das Immunsystem durch »Verlieben« bedeutend gestärkt.

> Verliebte werden so gut wie nie vom Schnupfen gepackt!

Täglich entdecken Wissenschaftler Botenstoffe, die in unserem Gehirn ganz bestimmte Gefühlsregungen – bis hin zu Liebesgefühlen – auslösen können. So verlieben wir uns beispielsweise in aufregenden Situationen eher, weil unsere Drüsen (besonders die Hypophyse) dann spezielle Hormone ausschütten, welche den Fluss unserer Sexualhormone ankurbeln. Oder andersherum kann ein Mangel des »Liebes- und Kuschelhormons« Oxytozin Kontaktschwierigkeiten hervorrufen und Depressionen verstärken. Und dass Schokolade wiederum von ihrer Zusammensetzung her tatsächlich als Liebesersatz und (ganz besonders auf Frauen) hormonell stimulierend wirkt, lässt vielleicht einige von uns mit weniger Schuldgefühlen nach dem süßen Lustgefühls-Vermittler greifen ...

Tauchen wir noch tiefer in die Windungen unseres Gehirns: Psychologen fanden heraus, dass bei der Wahl unseres Partners in verschiedenen Teilen unseres Gehirns gespeicherte Informationen entscheidend mitwirken: Wir alle haken bewusst oder unbewusst beim Kennenlernen des möglichen

73

Partners innerhalb der ersten Minuten auf einer Art »inneren Checkliste« ab, inwieweit der/die andere unseren Wünschen und Vorstellungen entspricht (Alter, Aussehen, Beruf, Vorlieben etc.). Hierbei legt zum Beispiel unser Zwischenhirn auf ganz spezifische Kriterien zur Gewährleistung der Fortpflanzung Wert. Untersuchungen belegen inzwischen eindeutig, dass die Gewinner die großen, starken Männer sind und die Frauen mit weichen, »weiblichen« Formen – einfach und allein aus der Tatsache heraus, weil bereits ihre äußere Erscheinung offensichtlich optimale Fortpflanzungsergebnisse verspricht, das heißt bestmöglich Kinder erzeugen, austragen, ernähren und gut beschützen zu können – ein Leitbild, das aus der Urzeit stammt und heute nach wie vor gültig ist, auch wenn es uns nicht passen mag! Auch wenn Sie jetzt energisch protestieren: »In den charmanten Kleinen mit der Glatze *musste* ich mich einfach verlieben« oder »Schlanke Frauen mit kleinem Busen sind einfach mein Ideal« oder »Wo bleiben denn da die inneren Werte?«, treffen diese Untersuchungen auf die Mehrheit der Erdbevölkerung zu.

Wie auch immer – natürlich zeigt und beweist sich erst auf Dauer, ob unsere mehr oder weniger spontane Wahl auch hält, was sie verspricht. Doch eins liegt auf der Hand und wird immer wieder durch Umfragen bewiesen:

Je mehr Übereinstimmung es auf möglichst vielen Ebenen gibt, desto eher »liebt« sich ein Paar.

Und desto länger hält die Beziehung auch – allerdings nur, wenn die Gemeinsamkeiten von beiden auch täglich kreativ und vielfältig gelebt werden. Und wie steht es mit der Behauptung »Gegensätze ziehen sich an«?

74

Auch sie beweist sich in der Praxis als genauso wahr, doch solche Beziehungen sind nur dann von Dauer, wenn der andere in seiner jeweiligen Eigenart wirklich angenommen und freigelassen wird, so dass daraus immer wieder neu kreative Impulse für beide hervorgehen können – und das bildet ja dann auch wieder etwas Gemeinsames, Verbindendes.

Gibt es die lebenslange leidenschaftliche Liebe?

Im letzten Abschnitt haben wir uns mit den bio-elektrischen Feinströmen beschäftigt, die unsere Körper aussenden, und welche – je nach Stimmung – anziehend bis abstoßend auf andere wirken können. Es gibt in allen Kulturen Weise, die ganz trocken behaupten, dass das, was wir Menschen als »Liebe« bezeichnen, nichts weiter als mehr oder minder starke »Aufwallungen« dieser elektrischen Spannungen seien, gemischt mit vitalen Impulsen, Wünschen, Vorlieben und Bedürfnissen. Je nachdem, ob Letztere befriedigt werden, würden wir unser »Objekt der Begierde« lieben – oder auch nicht. Das stimmt nachdenklich, oder?

Wir wissen doch alle – auch wenn wir es vielleicht nicht immer wahrhaben wollen – dass der paradiesische Zustand des Verliebtseins meist nur wenige Monate andauert. Immer wieder erleben wir, dass sich die anfänglich starken Gefühle der Sinnerfüllung und Einheit auf einer oder mehreren Ebenen verringern oder in manchen Fällen sogar ins Gegenteil umschlagen: in Gefühle von Sinnlosigkeit, Vereinzelung und Entfremdung. Hierfür muss es doch Gründe geben!

Ich glaube, eine wesentliche Ursache hierfür liegt in folgendem Phänomen: Im Stadium des Verliebtseins werden ja tatsächlich unsere Bedürfnisse (nach Zärtlichkeit, Geborgenheit, Vertrauen und Sicherheit) von unserem »Liebesobjekt« voll befriedigt. Und umgekehrt geben wir unserem Partner natürlich ebenso gern, was er wünscht und braucht (»Er las ihr jeden Wunsch von den Augen ab ...«) – aber:

> Allmählich wird das ursprünglich
> so wunderbare Geschenk – die Erfüllung all unserer Bedürfnisse –
> zur gewohnheitsmäßigen Erwartung.

Unsere Wünsche verformen sich bis hin zum selbstverständlichen Anspruch, zur unausgesprochenen – oder sogar ausgesprochenen – Forderung. Und dann reagieren wir höchst unwillig, wenn der andere unsere Erwartungen auf einmal nicht mehr wie gewohnt erfüllt (weil er womöglich gerade durch seinen »Alltagskram« stark beansprucht wird) oder erfüllen möchte (weil er sich vielleicht inzwischen gewandelt hat). Und schon nimmt »die Liebe« ab oder wir beginnen, daran zu zweifeln, ob der/die andere uns denn noch (genug!) liebt. Im Grunde genommen suchen wir im Liebespartner die Erlösung aus unserer – im ersten Kapitel sprachen wir darüber – Vereinsamung und Vereinzelung. Verweigert er uns diese, fühlen wir uns einsam und getrennt vom anderen, und er wird uns zunehmend fremd.

Verstärkend wirkt hier die vielfältige Fremdbestimmung von außen. Häufig kommt es zur Zeit- und Energieverausgabung im Beruf und der Kindererziehung, und Gespräche über unsere tieferen Wahrnehmungen, Gefühle und Gedanken rücken vollkommen in den Hintergrund. Vielen Paaren fällt es schwer, ihre wahren eigenen Bedürfnisse zu spüren, zu sehen und deren Wert und Wichtigkeit für sich selbst und die Partnerschaft zu erkennen. Stattdessen führt das stetig wachsende Mangelgefühl zu Frustrationen und Groll gegenüber dem Partner, welchem häufig die Schuld für all den Jammer »in die Schuhe geschoben« wird.

Verknotet sich ein Paar in einen solchen Dauerzustand, wird auch die magnetische Anziehungskraft schwächer – und damit die gegenseitige Faszination.

Das beginnt vielleicht zunächst einmal auf einer Ebene: »Sexuell war es ganz toll mit ihm, aber wir konnten nicht mehr miteinander reden«, um dann mit der Zeit weitere Bereiche in Mitleidenschaft zu ziehen. Nicht selten schwindet die magnetische Anziehung völlig und Gleichgültigkeit breitet sich aus – oder die ehemalige Anziehung kehrt sich – wie oben bereits angedeutet – sogar in ihr Gegenteil um, in das der (gegenseitigen) physischen und/oder psychischen Abstoßung: Partner, die sich einmal heiß begehrten und nicht mehr ohne den anderen sein wollten, können sich nun nicht mehr »sehen«, »hören« oder »riechen« und haben auch keine Freude mehr daran, sich gegenseitig zu berühren: Diese Paare haben mit der Zeit auch die Empfindung füreinander verloren.

Man trennt sich – oder nicht – »probiert« einen oder mehrere Partner »aus« und erlebt – sich im Kreise drehend – letztlich immer wieder den gleichen Frust. Im Grunde unseres Herzens aber hegen wir immer noch das Ideal einer lebenslangen leidenschaftlichen Liebe, die alle Ebenen in uns anspricht. Angeregt durch Filmgeschichten schauen wir neidisch auf diejenigen, denen es in dieser Hinsicht – vermeintlich – besser geht als uns, und übersehen dabei, dass deren Glück meist auch nur von kurzer Dauer ist. So sind wir auf der ständigen Jagd nach unserem idealen Ergänzungsstück und der Erfüllung unserer Liebesträume.

Wenn beide Partner willens sind, diesen Zustand zu ändern – an welchem Punkt ihrer Entzweiung sie auch gerade stehen mögen –, könnte das (Wieder-)Erlernen der körperbewussteren Kommunikation Weg und Hilfe sein – hin zu einem liebevollen, harmonischen Zusammenleben auf dem Fundament von Selbstverantwortung, Zuverlässigkeit, besserem gegenseitigen Verständnis und Vertrauen. Das wiederum würde die gegenseitige Anziehungskraft wieder zum Leben erwecken und fortlaufend steigern. Die Voraussetzung für einen solchen Weg ist – immer wieder neu – die Selbstfindung:

Anstatt vom Partner die Erlösung aus unserer Vereinsamung zu erwarten, gehen wir in uns selber auf die Suche nach unserem eigenen Gegenstück. Anstatt immer wieder neu zu versuchen, unseren weiblichen oder männlichen Gegenpol im Partner zu finden, begeben wir uns auf die Entdeckungsreise nach unserem Yang (das Männliche) oder Yin (das Weibliche) in uns selbst.

An dieser Stelle möchte ich die hierzu höchst passenden Aussagen, die der Psychologe Robert Johnson in seinem Buch *Traumvorstellung Liebe* trifft, nicht unerwähnt lassen. Er beschreibt, dass unsere moderne westliche Gesellschaft die einzige Kultur in der Geschichte ist, welche die »romantische Liebe« sowohl zur Grundlage von jeglicher Liebesbeziehung – auch der Ehe – gemacht hat als auch »zum kulturellen Ideal der ›wahren Liebe‹«. Dieses Ideal der romantischen Liebe entstand bei uns im Mittelalter und wurde damals als »höfische Liebe« bezeichnet: »Ein tapferer Ritter verehrte eine holde Frau als Quelle seiner Inspiration, als das Symbol von Schönheit und Vollkommenheit und als das Ideal, das ihn zu Großmut, Spiritualität, Läuterung und Hochherzigkeit inspiriert.«[16] Johnson führt aus, dass wir heutzutage in unsere sexuellen Beziehungen und Ehen diese »höfische Liebe« hineingemischt hätten und glaubten, dass die wahre Liebe immer nur in der ekstatischen Anbetung eines Mannes oder einer Frau bestände, welche für uns den Inbegriff der Vollkommenheit darstellt.

Wir würden uns also – laut Johnson – in dem Irrglauben befinden, einerseits die geistige und vertrauensvolle, andererseits die sexuelle und erotische und darüber hinaus auch noch die leidenschaftliche romantische Liebe *in einer Person*, nämlich unserem/r LiebespartnerIn, vereinigt finden zu müssen! Die Lösung, welche Johnson anbietet, bestände darin, *in uns selber* die ersehnte Ergänzung zu finden. Das entspräche wiederum dem oben genannten Phänomen einer Vereinigung unserer eigenen weiblichen und männlichen Anteile in uns selbst.

Übrigens: Während die westlichen Menschen Wert darauf legen, sich ihren (oft vermeintlichen) Lebenspartner selbst zu wählen, werden in anderen – meist östlichen – Kulturen die Partner auch heutzutage noch vorwiegend von den Eltern ausgesucht – sehr sorgfältig und häufig mittels ausgeklügelter horoskopischer Analysen. »Kann das gut gehen?«, mögen Sie sich fragen. Es geht meistens erstaunlich gut – jene Paare lernen sich zu lieben, mit »großer Wärme ..., und das oft mit einer Beständigkeit und Hingabe, die uns beschämt«.[17] Abschließend zu all diesen Gedankengängen ein Zitat von Mira Alfassa[18], welches noch einen Schritt weiter geht:

Die Sprossen der Liebe

Zuerst liebt man nur, weil man geliebt wird.
Dann liebt man spontan, will jedoch wiedergeliebt werden.
Später liebt man, auch wenn man nicht geliebt wird,
doch liegt einem daran,
dass die Liebe angenommen werde.
Und schließlich liebt man rein und einfach,
ohne ein anderes Bedürfnis
und ohne eine andere Freude als nur zu lieben.

Ein Ideal des Liebens? Ich denke ja. Schwer zu erlangen, aber lohnenswert, oder?

Wie steht es mit Ihrer gegenseitigen Anziehungskraft?

Diese Frage haben Sie sich – in Ihrer jetzigen oder in einer früheren Beziehung – vermutlich immer wieder einmal gestellt. Ich will hier den folgenden Kapiteln nicht zuvorkommen, halte es aber für sinnvoll, Ihnen bereits an dieser Stelle einen dementsprechenden Fragenkatalog anzubieten.

Nehmen Sie sich viel Zeit für diese Fragen! Am besten stellen Sie sich jeden Morgen eine davon und gehen dann über den Tag hinweg damit »schwanger«. Fragen Sie vor allen Dingen Ihren Körper, etwa: Wie reagiert mein Körper, was höre, sehe, rieche, schmecke ich – und wie atme ich?

Fragenkatalog: Beziehung »unter der Lupe«

Verbundenheit: Wie fühle ich mich grundsätzlich in dieser Beziehung – was sind unsere persönlichen Stärken und Schwächen – auf welchen Ebenen (körperlich, gefühlsmäßig, geistig, »seelisch« im Sinne von tiefer »Seelenverwandtschaft«) fühlen wir uns besonders tief verbunden – gab es einen Zeitpunkt, seitdem »alles anders« ist?

Erwartungen: Was erwarte ich von ihm/ihr, ausgesprochen oder unausgesprochen – was erwartet er/sie von mir – kann und möchte ich ihm/ihr das geben? Was brauche ich von ihm/ihr und er/sie von mir – wann brauche ich ihn/sie, sage es aber nicht und warum – wann braucht er/sie mich, spricht es aber nicht aus und warum – was möchte ich gern von ihm/ihr und was möchte er/sie von mir – was erwarte ich von einer Beziehung generell – was erwarte ich von unserer Beziehung?

Vorlieben und Abneigungen: Was finde ich anziehend an ihm/ihr – was schätze ich besonders an ihm/ihr – habe ich ihm/ihr das schon einmal oder öfter gesagt – was mag er/sie an mir – spricht er/sie das aus – würde ich es gern öfter hören? Was mag ich an ihm/ihr überhaupt nicht – wo fühle ich mich von ihm/ihr nicht angenommen oder abgelehnt – was empfinde ich an seinem/ihrem Verhalten als unangenehm – wie lange ist das schon so – spreche ich es aus – wenn nicht, warum? Was kritisiert er/sie an mir und ich an ihm/ihr – wenn das öfter passiert, warum wiederholt es sich – wo verletzte ich ihn/sie ungewollt oder gewollt – wann fühle ich mich von ihm/ihr verletzt (wissentlich oder unwissentlich)?

Eigenständigkeit: Sorge ich für genügend »Abstand«, das heißt mal alleine zur Ruhe zu kommen, wenn ich es brauche – wann halte ich Distanz zu ihm/ihr – wo fühle ich mich »eingesogen« – verlasse ich mich manchmal übermäßig auf ihn/sie und bereue das hinterher – wann gebe ich die Verantwortung für mich an ihn/sie ab – wann fühle ich mich als »armes Opfer« – wann macht er/sie sich zum »armen Opfer« – habe ich dann Schuldgefühle?

Wenn es jetzt aus irgendeinem Grund plötzlich »aus« mit der Beziehung wäre: Was hätte ich ihm/ihr gerne noch vorher gesagt – könnte ich das ihm/ihr nicht schon heute sagen? Was würde ich dann bereuen – wofür hätte ich dann Schuldgefühle?

Beim Durchlesen dieser Fragen fällt Ihnen vielleicht auf, dass sich Veränderungen in einer Beziehung im Grunde genommen immer über eine veränderte Distanz und Nähe andeuten, was wir unmittelbar über unser Körperempfinden spüren können. Je früher Sie also Distanz- und Stimmungsschwankungen – die eigenen und die Ihres Partners – körperlich, empfindungsbewusst und bewusst – wahrnehmen, desto eher können Sie darauf entsprechend eingehen, noch bevor »das Kind in den Brunnen gefallen« ist. Sprechen Sie gemeinsam über das, was Sie empfinden oder fühlen, und darüber, welche Erkenntnisse Ihnen dazu gekommen sind, auch wenn es erst einmal schwer fällt (zahlreiche Tipps hierzu folgen in den nächsten Kapiteln). Dadurch ersparen Sie sich und Ihrem Partner viel aufreibende Nervenenergie, manche Aufregung und einigen Ärger (und Sie bleiben beide länger gesund!). Und natürlich tragen Sie damit entscheidend dazu bei, die gegenseitige Anziehungskraft zu erhalten, zu stärken oder sogar zu steigern.

Erotik, Sexualität und wie die Körper miteinander sprechen

Ja natürlich, Sie können dieses Kapitel auch als Erstes lesen (ertappt?) ...

Immer wieder erlebe ich, dass viele Menschen zunächst spontan an Sex denken, wenn ich den Begriff »Körperbewusste Kommunikation nach Veronika Langguth®« erwähne. Das ist ja auch kein Wunder – vermittelt uns doch unser Körper ungeheure, vielfältige Lustempfindungen, und wenn sich auch die meisten Menschen sonst kaum ihres Körpers bewusst sind – beim Sex spüren sie ihn – zwangsläufig.

Sex bringt uns wohl die süßesten und verführerischsten Empfindungen, welche zwei Menschen körperlich miteinander erleben können.

Das ist wahrscheinlich auch der Grund, dass bei uns Europäern über Jahrhunderte hinweg immer wieder von Seiten des Staats und der Kirche versucht wurde, Sexualität und sexuelle Empfindungen zu reglementieren, mit dem Bann der Sünde zu belegen etc. Wo kämen wir denn hin, wenn sich jeder immer und überall nach Lust und Laune »austoben« würde? Womöglich gäbe es Chaos, Anarchie, den Untergang der Kultur und niemand hätte mehr Lust, zu arbeiten!

Allerdings gab und gibt es Völker und Kulturen, bei denen andere Ansichten herrsch(t)en – darüber gleich mehr. Worum es mir in diesem Kapitel vornehmlich geht, ist die Beschreibung einer heute noch verhältnismäßig unbekannten, doch überaus lustvollen und für beide Partner zutiefst befriedigenden und beglückenden Sexualität. Sie dürfen gespannt sein. Um Sie ein wenig einzustimmen, möchte ich Ihnen zuvor einige Hintergründe erläutern und den Gesamtzusammenhang eingehender schildern. Essen wir uns also erst einmal durch den Schlaraffenlandkuchen.

1. Die sexuelle Befreiung der 60er-Jahre – und ihre Folgen

Wenn wir bedenken, dass noch zu Anfang unseres Jahrhunderts weitgehend eine ausgesprochene Körperfeindlichkeit herrschte, hat sich doch bis heute allerhand getan. So richtig begann die »sexuelle Befreiung« in den 60er-Jahren mit der Veröffentlichung des Buches »Die sexuelle Reaktion« von Masters und Johnson und des »Kinsey-Reports«, welcher Befragungen über das Sexualleben amerikanischer Bürger offen legt. Bei uns hatte sich Oswald Kolle (in heutzutage ungelenk-unbeschwert anmutendem Stil) via Kino redlich um Aufklärung bemüht – die »Pille«, Studentenrevolten, die provozierenden Auftritte der »Rolling Stones«, Flower Power (»Make love, not war«) und die damit verbundene, in rasantem Tempo fortschreitende Emanzipation der Frau (»Mein Bauch gehört mir«) taten ein Übriges.

Wir Studenten arbeiteten uns gierig und eifrig durch Wilhelm Reichs Werke über repressive Sexualerziehung und die Funktion des Orgasmus hindurch. Wir verschafften uns Bestätigung und Geborgenheit in einer

82

neuen, nun selbst gewählten Familie in Form von Wohngemeinschaften, in welchen wir es ausgiebig genossen, uns nackt zu zeigen, uns hemmungslos bei offenen Zimmertüren zu lieben und endlich ohne Scham über unsere Sexualität zu sprechen. Wir fühlten uns ungeheuer frei und stark.

Nun wagte auch eine stetig wachsende Zahl von Frauen, zu ihrem Körper und ihren Lustempfindungen zu stehen, und probierte aus, wie sich die zuvor vorwiegend den Männern vorbehaltene Macht anfühlte, jemanden anzusprechen und ihn vielleicht sogar zum Sex einzuladen. Obwohl zunächst ein kleinerer Teil der Bevölkerung diese Befreiung in ihrer ganzen Breite und Fülle lebte, war damit unweigerlich eine Bresche geschlagen worden wider eine verklemmte Sexualmoral und einen dementsprechenden Verhaltenskodex: Die Liberalisierung erfasste nach und nach immer größere Teile der Bevölkerung.

Und wo stehen wir heute?

Was unser Wissen über die Sexualität anbelangt – und insbesondere die der Frau –, sind wir ein ganzes Stück weitergekommen. So wurden inzwischen sowohl der G-Punkt (ein besonders lustempfindlicher Bereich im vorderen, oberen Teil der Scheide) und die Fähigkeit der Frau zur Ejakulation[19] als auch die Bedeutung einer gut funktionierenden Beckenbodenmuskulatur (wieder)entdeckt[20]. Es gibt heute stapelweise Ratgeber für eine erfülltes Sexualleben. Nahezu jeder Erwachsene weiß inzwischen, dass Frauen aufgrund ihrer langsamer ansteigenden sexuellen Erregungskurve ein längeres Vorspiel brauchen. Viel mehr Frauen erleben heute einen Orgasmus, weil sie neben dem Wissen um die Funktion ihrer Sexualorgane sich auch erlauben, ohne falsche Scham ihren Körper selber zu erforschen. Auch gegenüber homosexellen Menschen wird die Gesellschaft allmählich toleranter. Wir leben unsere Sexualität tatsächlich freier. So ersparen wir uns so manche Psychotherapie, indem wir allein oder miteinander unsere Phantasien ausleben, und wir vermitteln uns schöne Empfindungen und Spannungsabfuhr durch Masturbation, ohne dabei Schuldgefühle zu haben. Unsere Kinder tappen nicht mehr im Dunkeln, wenn sie als Halberwachsene das erste Mal miteinander Sex haben.

Andererseits ist es heutzutage regelrecht Mode geworden, öffentlich in
jeglicher Weise den nackten Körper zur Schau zu stellen, sexuell provozie-
rende Aktionen zu inszenieren sowie in exhibitionistischer Weise sexuelle
Phantasien und Praktiken in ihren vielfältigen Spielarten – bis hin zum
Sadomasochismus – vor anderen Menschen auszubreiten: in der Werbung,
im Film, in Tanz und Theater, in Talkshows und schließlich auch in der
Literatur. (Das Anfachen und die Befriedigung sexueller Neugierde bringt
natürlich auch Geld.)

Nun gibt es zweifelsohne Menschen, die sich als Anbietende oder als
Konsumierende durch derartige Darstellungen tatsächlich von sexuellen
Hemmungen befreien oder ihre sexuelle Kommunikation verbessern. Problematisch wird es in meinen Augen, wenn sich unsere Mitmenschen in
dieser Weise, statt einfach nur lustvoll mit vielen Varianten zu spielen, dem
Zwang und Druck eines Wettbewerbs aussetzen, nach dem Motto: »Schaut
alle her, ich geh noch weiter, ich kann's noch besser, nein: Ich bin besser,
und die anderen sind alle verklemmt.«

Ein weiteres Zeichen unserer Zeit ist ein enormer sexueller Leistungsdruck – im Grunde genommen eine folgerichtige Begleiterscheinung der
überzogenen Ansprüche unserer Leistungsgesellschaft: Während früher die
in unseren Genen gespeicherten Wünsche (siehe auch Seite 74) nach großen
Brüsten oder standhaftem Penis mehr im Verborgenen blieben und nur
hinter vorgehaltener Hand ausgesprochen wurden, so werden sie heute
fordernd zum allgemeinen Ideal erhoben. Die gut entwickelte Kommuni-
kationstechnologie macht es möglich, damit einen ungeheuerlichen und
weit verbreiteten Druck auf die »große Masse« auszuüben, der so stark ist,
dass sich zum Beispiel in Amerika bereits halbwüchsige Mädchen die Brüste
vergrößern lassen.

Leistungsdruck (größer, länger, besser, häufiger etc.) bestimmt auch
das Sexualverhalten von Paaren: Fortschrittlich und gut informiert, jagen
sie beiderseitigen und womöglich auch noch gleichzeitigen Orgasmen
nach. Einher damit gehen notgedrungen die Angst vor dem Versagen
sowie Minderwertigkeitsgefühle und Selbstzweifel (»Ich hab mir doch

84

solche Mühe gegeben« – eben!). Wie auch im Arbeits- und Freizeitleben bilden Superlative das Leitmotiv und bestimmen als mehr oder weniger auslebbare Sehnsüchte bewusst oder unbewusst, was ein Paar denkt, fühlt oder wie es agiert. So kann eine erhebliche Anzahl von Menschen auch hier vom »Ziel-erreichen-Müssen« nicht loslassen und verhält sich damit sexuell ausgesprochen einseitig. Das muss früher oder später zum Sex-Stress und damit zur Unlust führen.

Warum wird denn zunehmend beklagt, dass heutzutage in den meisten Schlafzimmern »nichts mehr läuft«? Aber: Der menschliche Körper – ja, der gesamte Organismus – reagiert ja völlig gesund, wenn er die Erfüllung der von außen herangetragenen Leistungsansprüche verweigert!

> Der Körper hat immer einen guten Grund,
> wenn er sich sperrt und nicht »gehorchen« will.

Die Lösung: uns dieser Vorgänge in voller Breite bewusst zu werden, nach unseren wahren Bedürfnissen zu fragen und schließlich die Sprache unserer individuellen, einzigartigen Körper verstehen zu lernen.

2. Auf der Suche nach sexueller Erfüllung: Aus den alten Kulturen lernen?

Was bräuchten wir denn wirklich, wenn wir miteinander Sex haben? Zum Beispiel: Liebe, Nähe, Zärtlichkeit, Akzeptanz, gelebtes Vertrauen, Erfüllung – aber auch genügend Zeit: Nach neueren Erhebungen dauert der Liebesakt weltweit durchschnittlich kaum mehr als 17 Minuten! Immer wieder berichten mir Frauen, dass sie sich beim Sex nicht wirklich erfüllt, »gesehen« fühlen (»War das alles?«). Sie suchen nach »etwas anderem«, doch sie haben nur eine vage Vorstellung davon, wie es aussehen könnte. In erster Linie sehnen sie sich danach, genau wie bei vielen anderen Tätigkeiten des Lebens, auch beim Sex das Beisammensein mit genügend Ruhe und Hingabe zu genießen, ihre Liebe zum Partner auch körperlich und sexuell ausgiebig leben zu können. Sie haben Sehnsucht nach lang andauernder, inniger körperlicher Verbindung zu ihrem Partner und möchten im Ineinander-Sein von seinem ganzen Wesen auch körperlich völlig ausgefüllt sein. Im totalen, umfassenden Sichgeben sehnen sie sich danach, gemeinsam zur Ekstase zu kommen.

Ich glaube, dass es vielen Männern im Grunde genommen ähnlich geht, doch Frauen nehmen diesen Mangel eher bewusst wahr, weil sie besser gelernt haben, auf ihre Gefühle zu achten. Außerdem betrachten viele Männer wegen ihrer kürzeren Erregungskurve das »Drängen zum Orgasmus« als naturgegeben und damit als unabänderliche Selbstverständlichkeit. Befragt man diese Männer eingehender, zeigen sich häufig Ängste, von der Frau »geschluckt« oder aufgesogen zu werden. Falls Sie sich oder Ihren Partner hier wieder erkennen, ist das kein Grund zum Grübeln. Vertrauen Sie auf die Sprache Ihrer Sexualorgane (wie auf Seite 89ff. beschrieben), und das – anerzogene – Unbehagen wird im Laufe der Zeit meist (auch ohne zusätzliche Therapie) schwinden.

Was den gesellschaftlichen Rollenwandel der Frau anbetrifft, glaube ich, dass die Frauen in den 60er-Jahren damit begonnen haben, eine Art »sexuelle Pubertät« zu leben: frech, promiskuitiv und nach neuem Selbstausdruck suchend. Seit den 90er-Jahren werden sie nun allmählich tatsächlich »erwachsen«, indem sie fortlaufend eine ganz neue (noch nie da gewesene) Form der Weiblichkeit entwickeln.

Ich bin mir sicher, dass eine neu gelebte Sexualität und Erotik für Frauen sowie für Männer beziehungsvertiefend sein könnte.

Viele Autoren und Seminarleiter sehen die Problematik, in der wir heute stecken, und bieten praktische Hilfen an, durch die wir ein besseres Verhältnis zu unserer Sexualität und ein neues Erleben von Erotik erlangen können: mit viel Zeit, Genuss, gegenseitiger Massage und Anregung aller Sinne durch Farben, Musik, erotisierende Düfte oder Speisen. Meistens fußen die Anregungen und Tipps auf der Grundlage alter Kulturen:

Sowohl in Griechenland als auch in Ägypten, Mesopotamien (heute Iran/Irak) und in afroasiatischen Regionen pflegte man damals eine weit entwickelte und reichhaltige erotische Kultur. Allen gemeinsam war das körperliche und geistige Streben nach Vollkommenheit und der ursprünglichen Einheit von Spiritualität und Erotik.

Am meisten verfeinert wurden Sexualität und Erotik in der altchinesischen Lehre des Tao und im indischen Tantra, die teilweise auch heute noch gelebt werden. Sowohl die Taoisten als auch die Tantriker sehen die Liebe als einen Ausdruck der kosmischen Kräfte und betrachten die sexuelle Vereinigung zweier Liebenden als eine Vermählung mit dem Universum und Gott. Hier wird Sex nicht – wie im »christlichen Abendland« – als Sünde angesehen, sondern vielmehr als ein möglicher Weg zur Erleuchtung.

Beim traditionellen Tantra übt man in streng festgelegten, ein ganzes Leben lang zu befolgenden Regeln (wie die Anrufung religiöser Gottheiten und tage- sowie wochenlang andauernde Rituale) die vollkommene Herrschaft über Körperfunktionen und das Hinauszögern des Höhepunktes, um den Akt so weit wie möglich auskosten zu können. Die Belohnung: Das sexuelle Zusammensein führt zum Zustand göttlicher Einheit und Ekstase und – falls überhaupt noch angestrebt – es steigern sich Dauer und Intensität der Orgasmen bedeutend. Außerdem – und darum geht es vielen Tantrikern hauptsächlich – nähren die freigesetzten hohen Energieschwingungen den ganzen Organismus, erhöhen das Bewusstsein, schärfen den Geist und bereichern somit alle anderen Aktivitäten des Lebens. Im Laufe der Jahrhunderte entstanden die vielfältigsten Formen der tantrischen Liebeskunst.

Im alten China wurde die Sexualität allgemein als eine medizinische Form des Heilens betrachtet. Die Taoistische Praktik selbst strebt den üblichen Orgasmus des Mannes überhaupt nicht mehr an, weil die Ejakulation als Vergeudung von wertvollen Energien betrachtet wird. Die Frau wiederum verliert nicht beim Orgasmus die meisten Energien, sondern bei der Menstruation. Beide Partner lernen Methoden, diese Kräfte in Heilenergie umzuwandeln. Was die Umwandlung der weiblichen Orgasmus-Energie anbelangt, werden der Frau hier zwei sich gegenseitig ergänzende Wege angeboten. Zum einen bekommt sie Techniken vermittelt, die ihr zu einer wesentlichen Steigerung ihres »normalen« Orgasmus verhelfen. Zum anderen lernt sie – wie der Mann – den üblichen Orgasmus zu verhindern, um dessen Energie in Heilenergie für den gesamten Organismus umzuwandeln. Während der sexuellen Vereinigung erfahren dabei beide Partner durch ein »Hinaufleiten« der sexuellen Energie – vorwiegend über die Kanäle der Wirbelsäule – eine Art »höheren« und als unendlich glückselig erlebten Orgasmus.[21]

Die Taoisten sehen unmittelbare Zusammenhänge zwischen den Energien, die unsere allgemeine Gefühlslage bestimmen, und den Sexualenergien, und beide Energieformen werden in der taoistischen Praktik in höhere – weil für alle Lebensgebiete nützliche und heilsame – Energieströme transformiert. Medizinisch lässt sich das damit erklären, dass die Sexualenergie in den Drüsen die Ausschüttung geschlechtlich stimulierender Hormone auslöst, welche wiederum die Körperchemie regulieren und damit letzten Endes unsere Handlungsfähigkeit bestimmen: »Die Primärenergien, die sonst als Antrieb für unsere Begierden, Gefühle und Gedanken dienen, werden gesammelt und verfeinert, um sie in ihren ursprünglichen Zustand reiner Geistigkeit zurückzuführen.«[22]

Auch hier wird – wie im Tantra – ein langes und intensives Training gefordert. Manche Elemente des Tao finden sich auch in einigen Praktiken des Tantra wieder. Der Taoist Mantak Chia beschreibt, dass durch den bewussten Umgang mit den Yin- und Yang-Kräften – gerade auch durch das sexuelle Beisammensein in der oben beschriebenen Form – auch das Alltagsleben bedeutend harmonisiert wird.

Taoismus ist – genau wie Tantra – im Grunde genommen eine Lebenseinstellung und geht über die reine, gezielte Anwendung sexueller Praktiken weit hinaus.

Das Streben nach tiefer Berührung, Nähe und Einheit und die Sehnsucht nach menschlicher und göttlicher Liebe sind wesentliche und starke Kräfte in uns. Erlangen wir in dieser Hinsicht keine oder wenig Erfüllung, kehren sich unsere Antriebe leicht ins Gegenteil um, wie ich bereits im ersten Kapitel andeutete: Freudlosigkeit – Kummer – Habsucht – Hass – Brutalität – Zerstörung. Die Geschichte hat es gezeigt – und zeigt es immer noch.

Wäre es nicht denkbar, dass eine Liebeskultur, welche die Verbindung von Sexualität und Spiritualität mit einbezieht, die auf Selbstachtung und Achtung des anderen sowie Dankbarkeit gegenüber göttlicher Weisheit aufgebaut ist, ein möglicher Weg hin zu mehr Frieden zwischen den Menschen sein könnte?

88

3. Der empfindungsbewusste Weg zum gesteigerten sexuellen und erotischen Genuss

Im Folgenden handelt es sich um einen Empfindungsweg. So, wie die Erfahrungen mit Atemübungen höchst individuell sind, geht es auch hier darum, dass Sie selber experimentieren: Die Tonbandkassetten von Barry Long[23] sowie beispielsweise die Bücher von Mantak Chia (siehe Anmerkung 21) und Stephen Chang[24] können hier zusätzlich eine gute Begleitung sein. Doch die Körper zeigen den Weg bzw. die Sexualorgane selbst.

Machen wir – zum besseren Verständnis – einmal von den unteren einen Ausflug zu den oberen Schleimhäuten:

Stellen Sie sich einmal vor, Sie genießen Ihre Lieblingsspeise. Was alles ist Ihnen wichtig dabei? Zunächst zur Speise selber: Sie sollte eine ansprechende Konsistenz haben, richtig temperiert und stimmig gewürzt sein (eine Spur zu viel Salz oder Zitrone zum Beispiel könnte Ihnen schon die Freude verderben). Außerdem muss das Ambiente stimmen: Eine schöne Tischdekoration und Umgebung sollten Ihre Sinne erfreuen, vielleicht mögen Sie auch Musik oder einen gleichermaßen genussfähigen Tischnachbarn. Und wenn Sie nun Ihr Gericht lustvoll – und Sie lassen sich sicherlich viel Zeit dazu – verzehren, gebrauchen Sie dazu in ganz spezieller Weise und äußerst empfindungsbewusst Ihren Mund: Lippen, Zunge, Zähne und Gaumen, sogar Ihre Kehle arbeiten auf eine einzigartige und ganz persönlich geprägte Art zusammen. In einem Schlankheitsbuch fand ich einmal beschrieben, dass wir zum Beispiel eine bestimmte Speise unbedingt links vorne oben schmecken wollen, eine andere mehr rechts hinten unten im Mund, und auch die Weise, wie wir ab- und zerbeißen oder kauen, sei wesentlich für den vollen Genuss etc. (achten Sie mal darauf!)

Und Ihre unteren Schleimhäute? Fragen Sie sich doch einmal, ob Sie beim Sex mit Ihren Sexualorganen genauso hingebungsvoll, sorgfältig, differenziert, sensibel und achtsam umgehen. Und: Sprechen Sie auch mit Ihrem Partner über Ihre vielfältigen Empfindungen? Wenn ja, dann sind Sie schon auf dem besten Weg zu mehr sexuellem Genuss.

Das ist der Weg. Zur besseren Übersicht habe ich ihn in drei Abschnitte mit einzelnen Unterthemen eingeteilt, deren Inhalte sich jedoch gegenseitig durchdringen:

Ein empfindungsbewusster Weg für sexuelles Beisammensein

A. Das Umfeld

▶ *Nehmen Sie sich Zeit!*

Bedenken Sie einmal, wie viel Zeit und Energie Sie für manch andere Tätigkeiten verwenden (einkaufen, fernsehen, telefonieren ...). Genügend Zeit zu haben bereitet die beste Grundlage für harmonischen Sex. Erlauben Sie sich mindestens eine Stunde bis zu einem Tag – ja, Sie haben richtig gelesen –, widmen Sie einen ganzen Tag nur dem Lieben und der Sinnlichkeit! Dazu könnte ein gemeinsames Bad gehören, gegenseitige Massagen, auch Spaziergänge – zwischendurch. (Am besten gleich in den Terminkalender eintragen!)

▶ *Berühren Sie sich so oft wie möglich gegenseitig.*

Küssen Sie sich häufig, und beziehen Sie auch Ihre Geschlechtsorgane spielerisch mit ein, selbst wenn Sie gar nicht vorhaben, sich körperlich zu lieben. Gerade wir Frauen sind in dieser Hinsicht äußerst vorsichtig, weil viele von uns ähnliche Erfahrungen gemacht haben wie die folgende: »Das fing schon beim Streicheln seiner Sexualorgane an. Immer diese Vorsicht: Nur dann anfassen, wenn du wirklich Sex haben willst, sonst ist es ›verboten‹, denn du erregst ihn ja damit, und dann willst du etwa nicht mit ihm schlafen? Erst machst du ihn heiß, und dann sagst du, ich wollte ihn ja nur mal anfassen.« Lassen Sie also das Spielerische zu, und verbinden Sie jede Erregung oder Erektion nicht gleich mit »Sex haben wollen oder müssen«. Außerdem sind regelmäßige gegenseitige Massagen des ganzen Körpers und insbesondere von Füßen und Rücken eine wunderbare Möglichkeit, miteinander auf verschiedenen Ebenen Kontakt zu bekommen und im Kontakt zu bleiben.

B. Der Liebes- und Lustakt

▶ *Lernen Sie die Empfindungsstärke in den tieferen Bereichen der Vagina kennen.*

Es heißt zwar, dass eine Frau nur im ersten Drittel ihrer Scheide Nerven habe. Dennoch existieren noch ganz andersartige Empfindungsmöglichkeiten über die anderen zwei Drittel. Sie lernen sie am besten kennen, wenn Sie lange und starke Stimulationen in der Tiefe der Vagina, nahe des Gebärmutterhalses, zulassen (mehr darüber im übernächsten Abschnitt).

▶ *Den Orgasmus nicht als alleinigen Höhepunkt betrachten: Gewinnen Sie eine andere Einstellung zu Ihrem Orgasmus.*

Normalerweise betrachten wir ihn als den erwünschten und willkommenen Höhepunkt beim Sex. Wenn Sie sich aber besser kennen lernen und noch andere genussreiche Wege erfahren wollen, wäre folgende Haltung günstiger: Streben Sie den Orgasmus nicht als Ziel an, sondern als eine eventuell auftretende Begleiterscheinung. Versuchen Sie, Ihren Orgasmus so weit wie möglich hinauszuschieben, oder, noch besser: Versuchen Sie auch öfter einmal mit dem ausdrücklichen Ziel, nicht zum Orgasmus zu kommen, sich körperlich zu lieben.

▶ *Lassen Sie Ihre Vagina und Ihren Penis »miteinander sprechen«.*

Ihre Sexualorgane können tatsächlich selber herausfinden, was ihnen »gefällt«! Seien Sie lediglich Beobachter des Geschehens: Bewegen Sie sich beim Sex zunächst so wenig wie möglich. Lassen Sie sich von den allmählich oder plötzlich aufkommenden Bewegungsimpulsen überraschen. Die günstigste Stellung – für den Anfang – ist diejenige, bei der sich die Frau oben befindet. Der Penis braucht beim Einführen nicht einmal besonders steif zu sein. Beobachten Sie gemeinsam mit Ihrem Partner, welche Bewegungsimpulse in Vagina und Penis von selbst entstehen. Reduzieren Sie dabei die gewohnten Vor- und Zurückbewegungen des Penis auf ein Minimum. Überlassen Sie alles Ihren Körpern – vielleicht möchten Sie sich auch längere Zeit gar nicht bewegen, sondern nur die Tiefe der Vagina spüren. Die günstigsten Bewegungen zum Kennenlernen dieser Region sind solche, bei denen der Penis in seiner ganzen Länge in der Vagina bleibt. Streicheln und küssen Sie sich viel und oft dabei.

▶ *Keine Erwartungen oder Phantasien.*

Versuchen Sie, in jedem Moment zu spüren, was Penis und Vagina wahrnehmen, anstatt es sich gedanklich oder bildlich vorzustellen. Versuchen Sie, Vagina und Penis zu *sein*.

Sie sollten auch sonst keine Erwartungen oder Vorstellungen haben. Verweilen Sie voll und ganz beim Geschehen und driften Sie nicht in – vielleicht gewohnheitsmäßig aufsteigende – Phantasien ab. Es geht darum, dass Sie im »Hier und Jetzt« bleiben, empfinden und fühlen.

▶ *Über Ihre Erfahrungen sprechen.*

Sprechen Sie miteinander über alles, was Sie wahrgenommen (empfunden, gefühlt und gedacht) haben, vorzugsweise *nach* dem sexuellen Beisammensein.

C. Das Resultat (und Geschenk ...)

▶ *Eine erfüllte Sexualität und neue Formen des Orgasmus.*

Wenn es Ihnen gelingt, eine Zeit lang in dieser Weise zusammen zu sein und so oft wie möglich zu »üben«, werden Sie beide vorher ungeahnte Empfindungen (wie etwa in den Tiefen der Vagina) wahrnehmen – bis hin zu sich immer wieder neu aufbauenden, jedes Mal andersartigen, sich gegenseitig steigernden Formen des Orgasmus, welche im Vergleich zu den gewohnten etwa folgendermaßen beschrieben werden können: breiter, weiter, ganzheitlicher, inniger, überraschender auftauchend, farbiger, spirituell. Ihr gesamter Organismus wird so erotisiert sein, dass Sie in jedem anderen Körperbereich ebenso erregt sein können wie im Genitalbereich.

Dieser Weg schließt gelegentliche »normale« Orgasmen nicht aus. Vielmehr werden sich auch diese intensivieren und länger andauern. Ent-

92

scheidend ist, dass Sie lernen, sich ganz auf Ihre Körper zu verlassen. Übrigens ist dieser Weg auch ein Heilmittel für vorzeitige Ejakulation beim Mann.

▶ *Der Einfluss auf Ihr Zusammenleben.*

Sie erfahren sich im Alltagsleben besonders stark und ganzheitlich verbunden, und das auf körperlicher, gefühlsmäßiger, gedanklicher sowie seelischer Ebene. Mein Partner und ich spüren uns beispielsweise auch über große Entfernungen hinweg überaus intensiv, schmecken sogar, was der/die andere gerade isst, oder träumen gleichzeitig von denselben Themen. Wenn wir beieinander liegen, haben sich unsere Körper nicht nur immer wieder »viel zu erzählen«, sondern sie heilen sich auch gegenseitig.

Finden Sie Ihre ganz individuelle Weise des sexuellen Beisammenseins. Betrachten Sie den hier beschriebenen Weg lediglich als Anregung dazu. Natürlich ist es immer sinn- und wertvoll, sich aus Büchern oder Ähnlichem Informationen zu holen, gerade wenn es sich um vielfach und jahrhundertelang erprobte und ausgeklügelte Methoden handelt. Der eine oder andere mag sich sogar von einem fest vorgegebenen System so angezogen fühlen, dass er es praktizieren möchte. Wir sollten uns aber davor hüten, mechanistisch etwas zu absolvieren, was jemand – so heilig oder berühmt er auch immer (gewesen) sein mag – einmal formuliert und für richtig befunden hat.

Ich möchte Sie dazu ermutigen, unabhängig von jeglichen Regeln und Vorschriften das Experiment zu wagen, hingabevoll und gleichzeitig achtsam in Ihren Körper hineinzuspüren und »hineinzufragen«, was er über die übliche Befriedigung hinaus aus dem

93

Sex machen möchte. *Jeder Mensch ist ein einzigartiges Wesen und jede Beziehung ist ebenso einmalig.* Finden Sie selbst heraus, was für Sie erfüllend und wertvoll ist. Die Richtschnur sollte immer Ihre eigene Erfahrung sein und der Schwerpunkt das Hinhören auf Ihren eigenen Körper, denn er zeigt uns unseren einzigartigen Weg und hilft uns auch, ihn zu finden. Das ist das eigentliche Geheimnis jeglicher körperbewussten Kommunikation.

Hierzu ein überaus charmantes Zitat von *Barry Long:*

»Die Körper lieben es, Liebe zu machen.«

Steigern Sie die gegenseitige Anziehungskraft und sexuelle Erlebnisfähigkeit über Ihren Atem!

Vielleicht haben Ihnen die in diesem Buch immer wieder eingestreuten Übungen schon eine Idee dafür vermitteln können, was alles über den Atem möglich ist. Könnten Sie sich denn auch vorstellen, dass Unstimmigkeiten sowohl in uns selbst als auch zwischen zwei Menschen »vom Atmen« aufgehoben werden? Ich habe es selbst öfter (mit)erlebt. Weshalb ist das so? Und was vermitteln uns Atemübungen überhaupt in Bezug auf besseres gegenseitiges Verstehen, auf einen gesteigerten gegenseitigen Magnetismus und ein erfüllteres Sexualleben?

1. So wirken die Atemübungen: Auf die Partnerschaft – und allgemein

- Sie sorgen für sich selbst. Dadurch fühlen Sie sich »in Ihrer Haut« wohler und in Ihrem Körper sicherer.
- Sie lernen sich intensiver kennen und können deshalb Ihre Reaktionen besser einschätzen sowie sich selber in schwierigen Situationen dementsprechend schützen. Das führt auch dazu, dass Sie Ihre Gefühle mehr »im Griff« haben, »Herr (oder Frau) im Hause« sind.
- Sie erfahren Ihre Abgrenzungen und Verbindungen zum anderen körperlich deutlicher.

94

● Sie lernen die verschiedenen Anteile Ihrer Persönlichkeit intensiver kennen und gehen konstruktiver damit um. So können Sie auch gegensätzliche Aspekte wie »weiblich – männlich« (was auch immer Sie persönlich darunter verstehen mögen), »nachgiebig – hart« oder »festhalten – loslassen« etc. besser einschätzen und je nach Situation bewusster leben.

Sie lernen also Ihre Polaritäten auszubalancieren und fühlen sich selbst immer häufiger in Ihrem Gleichgewicht.

● Sie fühlen sich »in Ihrer Mitte«, was dem auf Seite 69 erwähnten Ausgleich von Yin und Yang entspricht (in der – westlichen – Atemtherapie hat Ilse Middendorf dasselbe gefunden: Sie spricht hier vom »Umschließen der Gegensätze«).

● Wenn Sie selbst mehr in sich ruhen, können Sie sich auch in Ihren Partner leichter hineinfühlen. Sie verstehen sowohl ihn selbst als auch seine Handlungen besser. Vielleicht können Sie ihn sogar in seiner Andersartigkeit annehmen und akzeptieren. Mit anderen Worten: Sie lassen Ihren Partner wirklich »frei« und fühlen sich auch selbst weniger abhängig vom ihm. Eine traumhafte Vorstellung, nicht wahr?

Natürlich geht auch hier nichts ohne Übung, und es kann recht lange dauern, bis Sie einen derartigen (Atem-)Zustand erreichen. Aber letztlich ist ja auch hier der Weg das Ziel – es handelt sich bei solchen Wandlungsprozessen ja immer um eine stetig fortschreitende Selbst-Transformation, und das Ihr ganzes Leben lang! Außerdem können Sie Ihre Fortschritte beschleunigen, indem Sie sich beide auch auf anderen Ebenen gemeinsam weiterentwickeln. So ist es sinnvoll, wenn Sie sich intensiver mit Ursprung, Funktion und Einfluss Ihres Denkens und Fühlens befassen sowie dieses Wissen über angewandte mentale Übungen und gekonnte Gesprächsführung dann auch in Ihr Alltagsleben umsetzen, und zwar körper- und atembezogen. Diese Themen stehen im Mittelpunkt der nächsten beiden Kapitel.

Die folgende Übung zeigt Ihnen, wie Ihre Atembewegung dadurch beeinflusst wird, dass Sie sich Ihrem Partner zuwenden:

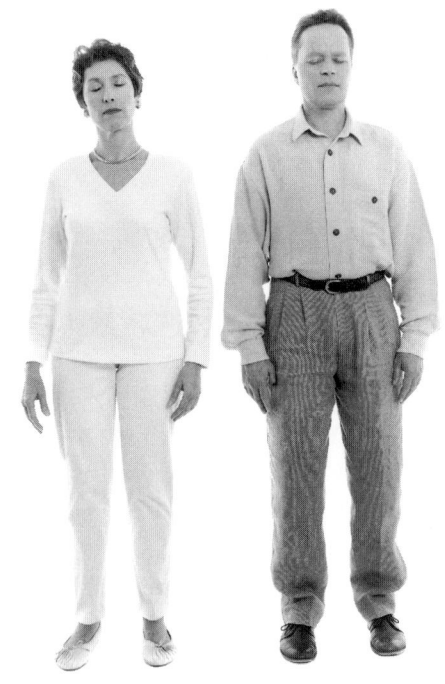

〜〜〜 *Sich und den/die PartnerIn über einen Abstand hinweg spüren*

Stehen Sie voreinander im Abstand von zirka 30 cm (ca. ein bis zwei Minuten). Nehmen Sie wahr, was alles sich dabei in Ihnen verändert. Achten Sie auf Ihre Atembewegung. Nun stellen Sie sich im selben Abstand nebeneinander und verfahren genauso wie vorher. Als Nächstes wechseln Sie die Seiten, und gehen Sie in gleicher Weise vor. Nehmen Sie wahr, wie es ist, sich mit Ihren Rücken zueinander zu stellen. Sprechen Sie über Ihre Erfahrungen. Haben Sie gespürt, dass Sie jeweils auf

96

der Seite, die dem anderen zugewandt ist, viel mehr Atembewegung haben?

Versuchen Sie, auch im Alltag in dieser Weise bewusst zu sein – es hilft Ihnen, sich selbst zu schützen und abzugrenzen.

2. Atemübungen, die Ihre sexuelle Energie besser strömen lassen

Auch wenn Sie Eltern und Erzieher hatten, die sexuellen Themen gegenüber verhältnismäßig aufgeschlossen waren, so wirken sich doch unbewusst weitergegebene Schamgefühle darauf aus, wie Sie mit Ihren Sexualorganen umgehen und sich auch allgemein sexuell verhalten. Für ein Kleinkind sind sexuelle Empfindungen und Gefühle zunächst noch gleichwertig zu allen anderen. Je mehr sie jedoch tabuisiert werden, desto weniger traut sich das Kind, unbefangen in seine Beckenregion hineinzuspüren. Jedoch:

> Gestörte Empfindungen
> ziehen gestörte Atembewegungen nach sich.

Hierdurch entstehen mit der Zeit Über- und Unterspannungen der Beckenmuskulatur sowie Stauungen im Gewebe. Und davon sind auch benachbarten Regionen wie Oberschenkel, Bauch oder Rücken betroffen.

Die folgende Atemübung bewirkt eine gesteigerte Atembewegung und ein besseres Empfindungsbewusstsein im Beckenraum und wirkt zugleich lösend:

∾ *Beckenkreis:*

Sitzen Sie aufrecht – Ihre Hände ruhen gelöst auf den Oberschenkeln. Nun verlagern Sie Ihr Gewicht vollkommen auf einen Ihrer beiden Sitzknochen. Kreisen Sie mit nach hinten gebeugter Lendenwirbelsäule und gekipptem Becken zum anderen Sitzknochen und von dort aus nach vorn (versuchen Sie dabei, Ihren Bauch ganz »loszulassen«), bis das Gewicht wieder über dem ersten Sitzhöcker liegt. Lassen Sie – wie eine Bauchtänzerin – vorwiegend Ihr Becken kreisen und versuchen Sie, mit Ihrem Oberkörper dabei möglichst aufrecht zu bleiben. Kreisen Sie, solange Sie möchten, finden Sie ein Ihnen angenehmes Tempo, und wechseln Sie nach Bedarf auch die Richtung. Lassen Sie Ihren Atem immer gut fließen!

Auch das »**F**« (Seite 66) hilft Ihnen, Ihre Becken- und Beckenbodenmuskulatur besser zu spüren bzw. zu tonisieren, und es ist besonders bei Stauungen empfehlenswert. Außerdem stärken Sie hiermit die Muskeln, die beim Sex eine wichtige Rolle spielen. Eine gesteigerte Empfindung für diese Muskulaturen hilft Ihnen, den Orgasmus hinauszuzögern bzw. die Intensität von Orgasmen zu steigern, denn im Beckenbereich liegen zahlreiche Nerven, Blutgefäße und Lymphdrüsen sowie Muskelgeflechte, die zu jedem Quadratzentimeter des Körpers eine Verbindung haben.

Lassen Sie auch während des Liebesaktes *Ihren Atem immer frei fließen* und versuchen Sie nicht, absichtlich im selben Rhythmus zu atmen. Jeder Mensch hat seinen eigenen, individuellen Atemrhythmus. Wie auch sonst im Zusammenleben sollten wir nicht versuchen, uns anzupassen, indem wir unsere Eigenart aufgeben. Vielmehr erhalten wir erst in der Unterscheidung und dadurch, dass wir unsere eigene Persönlichkeit annehmen, die Chance, gemeinsam etwas Neues, Drittes zwischen uns – aus unserer gemeinsamen Kraft heraus – entstehen zu lassen.

Im Grunde genommen sind letztlich alle Atemübungen dazu geeignet, die Sexualenergie besser fließen zu lassen! So erleben wir in unserer täglichen Atempraxis – sozusagen als »Nebenprodukt« – immer wieder Heilerfolge bei Sexualproblemen wie Orgasmusstörungen oder Impotenz.

4

Die schöne weite Welt unserer Gedanken und Gefühle

Auf den nun folgenden Seiten werden wir den Umgang mit Gedanken und Gefühlen immer wieder unter dem Aspekt der Partnerschaft betrachten. Natürlich können Sie auch hier – wie bereits bei den Themen von Kapitel 1 und 2 – die wesentlichen Grundsätze auf jegliche Art von Beziehungen – beruflich wie privat – anwenden.

Gedanken: Der Einfluss auf Ihren Körper

▶ **Was kann ein einziger Gedanke alles auslösen?**

Lassen Sie sich zu einem kleinen Experiment einladen:

Eine Vorstellungsübung

Schließen Sie Ihre Augen, und stellen Sie sich für zirka eine Minute intensiv etwas Unangenehmes vor. Das könnte zum Beispiel ein schauderhafter Geruch sein oder ein Ereignis, das Ihnen heute noch peinlich ist. Während Sie nun an das Unangenehme denken, spüren Sie in Ihren Körper hinein und fragen Sie sich, was Sie dabei (körperlich) empfinden und wie Ihre Atembewegung geht – ist sie klein, groß, mehr oben oder unten? Nun denken Sie – weiterhin bei geschlossenen Augen – für ein bis zwei Minuten intensiv an etwas Angenehmes: einen Menschen, den Sie sehr mögen, Ihre Lieblingsspeise oder ein Ereignis, auf das Sie sich freuen. Was empfinden Sie, wenn Sie an dieses Angenehme denken, und wie verläuft Ihre Atembewegung? Wahrscheinlich war Ihr Atem bei dem unangenehmen Gedanken schneller oder unruhig, vielleicht geriet er sogar ins Stocken – unter Umständen spürten Sie sogar Verkrampfungen in der Kehle, im Brust- oder Bauchraum! Beim angenehmen Gedanken hingegen schwingt die Atembewegung in der Regel groß, weit und ungehindert durch den ganzen Körper, und Sie fühlen sich ausgesprochen wohl – oder?

All jene Vorgänge spielen sich lediglich in Ihrem Inneren ab: Sie brauchen nicht einmal etwas in Ihrer Umgebung zu verändern, um sich wohl oder unwohl zu fühlen! Allein *durch einen Gedanken* verändert sich etwas in Ihrem Körper, und Ihre Atembewegung wird dadurch beeinflusst – Sie fühlen sich schlecht – oder gut:

Jeder Gedanke löst bestimmte Gefühle
und Empfindungen aus und lässt Sie anders atmen.

Erinnern Sie sich noch an den im zweiten Kapitel (siehe Seite 45) beschriebenen Unterschied zwischen Gefühl und Empfindung? Beobachten Sie sich einmal in Ihrem Alltag: Allein der Gedanke an etwas Trauriges kann dazu führen, dass Sie plötzlich weinen müssen. Und angenehme Gedanken lösen immer Wohlgefühl aus, und sofort laufen Sie beschwingt und lebensfroh durch die Welt.

Haben Sie nicht auch schon einmal jemanden in Bus oder Bahn beobachtet, der – so ganz in Gedanken versunken – leise vor sich hin lächelte? Wir können natürlich auch den umgekehrten Weg gehen: Atemübungen, die buchstäblich für mehr Raum im Körper sorgen, vermitteln Wohlgefühl und damit auch mehr Weite im Denken. Sie können sich insgesamt besser konzentrieren, wodurch Sie sich noch wohler fühlen – und dadurch entwickeln Sie wiederum weitere angenehme Gefühle und Gedanken usw. usw.!

▶ Sie erschaffen Ihre Welt mit Ihren Gedanken!

Ihre Gedanken beeinflussen also weitgehend das, was Sie fühlen und empfinden und wie Sie sich generell im Leben und in Ihren Beziehungen verhalten. Ihre Gedanken formen erst einmal, was Sie anschließend aussprechen und tun (jedenfalls könnte es idealerweise so sein ...). Denn ein Mensch, der sich seiner selbst bewusst ist, sammelt sich zuerst, dann denkt er und fragt dabei auch nach seinen Gefühlen, um danach bewusst zu sprechen und zu handeln. Hierzu paßt ein Zitat über die äußerst starke Macht der Gedanken von dem indischen Philosophen Sri Aurobindo:

»Ich werde zu dem, was ich in mir selbst sehe. Alles, was mir der Gedanke eingibt, kann ich tun. Alles, was mir der Gedanke offenbart, kann ich werden. Dies sollte des Menschen unerschütterlicher Glaube an sich selbst sein ...«

Die meisten von uns sind von solch einer bewussten Lebensweise wohl noch weit entfernt. Aber von woher sollte sie auch kommen? Wir haben ja nirgendwo (auch nicht in der Schule) gelernt, derart bewusst und achtsam mit Gedanken umzugehen.

> Um die Hygiene unseres Körpers kümmern wir uns,
> aber wie steht es mit einer »Gedankenhygiene«?

Wie könnte eine solche »Gedankenhygiene« denn konkret aussehen und inwieweit würde sie vor allem unsere Partnerschaft beeinflussen?

Stellen Sie sich beispielsweise einmal vor, dass Sie frühmorgens mit »dem falschen Bein« aufgestanden sind. Was Sie auch anfassen, nichts klappt. »Heute ist nicht mein Tag!«, sagen Sie sich (und die dazu passende Stimmung strahlen Sie dann natürlich auch aus). Wird Ihr Tag dann noch erfolgreich verlaufen? Höchstwahrscheinlich nicht! Wie fühlen Sie sich denn eigentlich, wenn Sie derart gelaunt sind? Ihre Atembewegung fließt sicherlich nicht sehr frei, weil Sie sich ja gedanklich programmieren: »Wenn bis jetzt nichts so gelaufen ist, wie ich es gern gehabt hätte, dann wird das wohl den ganzen Tag so weitergehen.« Oder ein anderes Beispiel: Sobald Sie sich einreden: »Es hat ja sowieso keinen Zweck, mit ihr/ihm dieses heiße Thema anzuschneiden«, dann werden Sie gar nicht erst versuchen, es zu tun! Ihre

Misserfolge sind sozusagen vorprogrammiert. Sie suggerieren sich selbst etwas für Sie Unvorteilhaftes.

Befassen wir uns deshalb einmal näher mit den täglichen (Auto-)Suggestionen.

▶ Suggestion und Autosuggestion: Verführung oder erfolgreiche Lebensbewältigung?

Schauen und hören Sie sich doch einmal um: Nahezu ständig sind wir den Suggestionen der Medien, unserer Mitmenschen – und insbesondere unseres Partners – ausgesetzt.

Es brauchen Ihnen ja nur zwei Freunde vorzuschwärmen: »Hast du schon dieses phantastische neue Auto XY gesehen?« und ein dritter Freund Ihnen dasselbe zu erzählen, dann denken Sie doch zumindest, dass da was »dran« sein muss, oder? Und schon haben Sie sich verführen lassen ... hinzu kommen Ihre eigenen – unbewusst laufenden – Selbstbeeinflussungen, die Autosuggestionen. Gar nicht so selten wirken diese jedoch eher entmutigend als bestärkend auf Ihr Selbstwertgefühl. Sie haben zum Beispiel eine gute Idee: »Warum nicht die Küche zitronengelb anstreichen?«, wagen aber nicht, sie in die Tat umzusetzen. Woher kommt dieser Mangel an Mut und Selbstbewusstsein? Meistens tragen wir seit frühester Kindheit sogenannte »irrationale Glaubenssätze« mit uns herum: »Das hat ja alles keinen Sinn« oder »Das kann ich nicht« bis hin zu »Ich darf nicht erfolgreicher sein als du, Papa«. Die Macht solcher suggestiven Gedanken ist groß und ihre Auswirkungen können ein ganzes Leben lang unglücklich machen.

Doch gerade in dieser starken Macht liegt eine Riesenchance, uns sozusagen »umzupolen«.

Kennen Sie in Ihrer Umgebung jemanden, der ein typischer »Gewinner-« oder »Verlierertyp« ist? Ich bin sicher, dass der »Gewinner« auch an sich selbst glaubt und sein Selbstbewusstsein autosuggestiv stärkt – ob er sich nun dessen bewusst ist oder nicht.

Ein anderes Beispiel: Nehmen wir einmal an, dass Sie mit dem Gedanken »Ich kriege das Leben alleine nicht hin« aufgewachsen sind, sich also nicht stark genug fühlen, Ihr Leben allein zu meistern (meistens sind hiervon Frauen betroffen). Natürlich suchen Sie sich dann schon frühzeitig »Helfer«, an die Sie sich anlehnen können: Zuerst sind das Schulkameraden, später Freunde und schließlich auch Ihr Partner, der Ihnen so manche Arbeit abnimmt, weil Sie sich selber eben einfach nicht so viel zutrauen. Sie sagen sich etwa: »Das schaffe ich nicht« und meinen im Stillen: »Bitte, mach du das für mich, ich bin so schwach.« Vielleicht fühlen Sie sich sogar ganz gut mit dieser − mehr oder weniger − stillschweigenden Übereinkunft. Wir tendieren ja stets dazu, uns die »passenden« Partner auszusuchen ... Es könnte aber auch sein, dass Sie darunter leiden, so abhängig von Ihrem Partner zu sein, der dieses Gefühl ja auch noch bewusst oder unbewusst mit seiner Hilfsbereitschaft un-

terstützt. Vielleicht ist er selbst ebenfalls mit folgendem Gedankenmuster aufgewachsen: »Wenn ich meinem Partner helfe, hat er mich endlich wirklich lieb.« Und im Extrem fühlt er sich Ihnen sogar damit überlegen und spielt das an anderer Stelle wieder aus: »Ich weiß schon, (besser als du) was gut für dich ist«, womit Sie sich wiederum bevormundet fühlen (ohne eigentlich zu wissen, woher das kommt).

Machen wir eine kurzen gedanklichen »Ausflug«, wohin dieses »Spiel« führen kann. Entweder verhärtet, versteinert die Beziehung in festgelegten Formen und Ritualen − »bis dass der Tod uns scheidet«, und im Extremfall bewegt sich nichts mehr (außer den bunten Bildern im Fernsehapparat ...). Oder diese Machtspielchen arten irgendwann in mehr oder weniger offene Machtkämpfe aus, ohne dass die Partner fähig wären, eine befriedigende Lösung zu finden. Auf jeden Fall kann hier nicht von einer gleichberechtigten

Partnerschaft die Rede sein, sondern sie fußt auf gegenseitiger unguter Abhängigkeit. Also betreiben Sie »Gedankenhygiene« und spüren Sie derartige Muster möglichst frühzeitig auf, *bevor* sich diese auswirken.

Sehr wirkungsvoll können Sie diesbezüglich mit positiven Autosuggestionen arbeiten. Wandeln sie also irrationale in aufbauende Glaubenssätze um und verwenden Sie sie als Autosuggestionsformeln:

Umwandlung von irrationalen Glaubenssätzen in positive Glaubenssätze und Autosuggestionsformeln

● *Notieren Sie innerhalb von 14 Tagen alle irrationalen Glaubenssätze,* die Sie in diesem Zeitraum denken und aussprechen (zum Beispiel »Das schaffe ich ja doch nicht«).

● *Nehmen Sie sich genügend Zeit, um jeden einzelnen Satz auf seine Entstehung und seinen Wahrheitsgehalt hin kritisch zu überprüfen* (»Seit wann sage und glaube ich das«?). Meisten stellen wir dabei fest, dass wir irgendwann einmal etwas Eindrucksvolles erlebt hatten, das zu der Entstehung des Glaubenssatzes führte. Zum Beispiel akzeptierte uns jemand nicht so, wie wir waren und handelten. Das prägte unser Selbstbild so sehr, dass wir uns – mit all unseren Schwächen und Fehlern – nicht mehr so akzeptierten, wie wir derzeit waren. Wir wurden mutlos und verloren sowohl den Glauben an uns selbst als auch die Gabe, aus eigener Kraft heraus etwas zu verändern. Fragen Sie sich auch einmal ganz ehrlich, ob »Ich kann nicht« eigentlich »Ich will nicht«, »Ich weiß nicht, wie« oder »Ich habe Angst« bedeutet.

● *Formulieren Sie die Sätze so um, dass sie aufbauend wirken* (»Ich kann nicht« = »Ich kann«). Erfinden Sie weitere Sätze wie: »Ich akzeptiere mich mit meinen Fehlern«, »Ich gestalte mein Leben jetzt selbst«, »Ich lasse das Alte los und fange noch mal neu an« – und Ähnliches.

● *Verwenden Sie diese Sätze als Autosuggestionsformeln:* Fangen Sie zunächst mit *einem* Satz an (er sollte möglichst kurz sein), und arbeiten sie damit drei Monate folgendermaßen: Sprechen Sie die Formel jeweils morgens und abends 25-mal halblaut. Hierdurch beeinflussen Sie Ihr Unbewusstes dergestalt, dass alles im Organismus mobilisiert wird, den *besseren* Zustand herzustellen:

104

WICHTIG: Vermeiden Sie das Wort »*nicht*«, »*nie*« oder »*kein*«, weil Ihr Unbewusstes sich ein »nicht« nicht »einbilden« kann. (Stellen Sie sich jetzt beispielsweise auf *keinen* Fall rote Mäuse vor ...)

In der Regel dauert es, wie erwähnt, zwei bis drei Monate, um erste Auswirkungen der Autosuggestion wahrzunehmen. Diese Technik hat bereits unzählige Menschen in ihrem Selbsthilfe- und Selbstheilungsprozess unterstützt, und sie wurde nicht selten in Fällen von schwersten Erkrankungen mit außerordentlich erfolgreichen Ergebnissen angewendet. Denn: Sie gewinnen allmählich eine umfassende positive Einstellung zu sich selbst, zu Ihrem Umfeld und Ihrem Partner/Ihrer Partnerin.

Auf Misserfolge reagieren Sie demzufolge immer seltener niedergeschlagen, und Sie entwickeln insgesamt mehr Mut, zu sich selbst zu stehen. Sie tragen die volle Verantwortung für sich selbst. Mit einer aufbauenden Einstellung sich selbst und anderen gegenüber können Sie letztendlich auch innere und äußere Konflikte besser lösen. Sie fühlen sich insgesamt stabiler und sind körperlich und psychisch belastbarer.

Im Folgenden seien noch einige weiterführende Methoden für Ihre Arbeit mit Autosuggestionen genannt:

- **Die »Spiegeltechnik«:** Hier schauen Sie sich beim Sprechen der Autosuggestionsformel selbst im Spiegel an. Das mag Ihnen zunächst vielleicht etwas merkwürdig vorkommen, aber probieren Sie es doch einfach einmal aus! Sie könnten dabei eine Menge über sich selbst entdecken ...

- **Kärtchen oder Bilder:** Schreiben Sie sich den Satz auf mehrere Kärtchen, die Sie in Ihrer Wohnung gut sichtbar platzieren. Wenn Sie nicht wollen, dass Ihr Partner davon weiß, malen Sie nur ein dementsprechendes Symbol darauf, oder Sie verwenden Bilder, Ansichtspostkarten etc. dafür (die können Sie sogar am Arbeitsplatz aufhängen).

● **Kassette:** Lassen Sie leise Ihre Lieblingsmusik laufen, und besprechen Sie dazu eine Kassette mit Ihrem Autosuggestionssatz. Hören Sie sich die Kassette so oft wie möglich an.

● **Umgang mit Fehlern:** Fühlen Sie sich niedergeschlagen, weil Ihnen wieder einmal ein Fehler passiert ist? Ohne Zweifel ist es ausgesprochen unangenehm, wenn wir tatsächlich mal einen Fehler gemacht haben. Umso wichtiger wird es, damit – und mit sich selbst – bedacht, sorgfältig und konstruktiv umzugehen. Grundsätzlich können Sie in dreierlei Weise auf Fehler reagieren:

1. Sie leiden und werden depressiv.
2. Sie verneinen den Fehler, verdrängen ihn und geben unter Umständen anderen die Schuld.
3. Sie akzeptieren den Fehler und fragen sich, was Sie daraus lernen können. Und Sie gehen mit sich selber gut um: »Den Fehler hab ich nun mal gemacht, aber ich höre jetzt auf mit dem Grübeln und den Selbstvorwürfen und mach es das nächste Mal besser!«

Überflüssig zu erwähnen, welche Haltung hier dienlich ist. Fehler im Beruf, Privatleben und der Partnerschaft sind selten echte Dramen. Im Grunde genommen bedeuten sie »Das Fehlende« (Middendorf), also das, was Sie sich im Leben noch aneignen werden – und dazu haben Sie jeden Tag eine neue Chance! Deshalb sollten wir nicht klagend an einem einmal gemachten Fehler hängen bleiben, sondern uns immer wieder mutig neue Ziele setzen: *Aus Fehlern zu lernen ist eine fruchtbare (Lebens-)Aufgabe.*

Schreiben Sie also einen (oder alle!) der folgenden »*Trostsätze*« auf Pappkärtchen, und hängen Sie sie zu Hause deutlich sichtbar auf (etwa übers Bett): »Fehler passieren jedem mal, auch mir« – »Ich darf Fehler machen« – »Ich habe auch noch andere Seiten als diese« – »Es gibt Schlimmeres als das« – »Ich nehme mein Schicksal an«, etc.

▌ Wo ist das Problem?

»Mach dir ein paar schöne Gedanken«, heißt es mit Recht im Volksmund. Nun gibt es mittlerweile zahlreiche Menschen, die sich bemühen, unaufhaltsam positiv zu denken.

Das ist löblich, doch Vorsicht! – wir dürfen dabei nicht übersehen, dass wir uns – ebenso wie mit unseren Fehlern – auch mit unseren Schmerzen intensiver beschäftigen sollten, und zwar *genauso lange, wie es sinnvoll und hilfreich ist*. In der Balance liegt die Kunst! Weder dürfen wir sorgenvolle Gedanken einfach wegschieben, sprich: verdrängen, und uns einbilden, dass sie gar nicht existieren oder gar nicht so schlimm seien, noch sollten wir im Grübeln hängen bleiben oder in die weit verbreitete »Lust am Leiden« verfallen.

> In jedem – physischen oder psychischen –
> Schmerz liegt ein Geheimnis verborgen.

Uns mit dem Problem auseinander zu setzen (das ja eigentlich eine *Aufgabe* für uns birgt) ist bis zu einem gewissen Grade notwendig. Im Folgenden erhalten Sie einige Anregungen, wie Sie konstruktiv vorgehen können. Sie werden Ihnen dabei helfen, negativ wirkendes Denken loszuwerden und zu einer insgesamt positiven Lebensweise mit aufbauendem Denken und Handeln und damit zu einer insgesamt positiven Lebenseinstellung zu gelangen.

Umgang mit Sorgen

Sobald Sie feststellen, dass Sie gerade dabei sind, sich um etwas Sorgen zu machen: »Was mach ich bloß, wenn sie/er nicht rechtzeitig wiederkommt«, gehen Sie folgendermaßen vor:

● Es gibt keine Probleme: Sagen Sie sich als Erstes, dass es keine Probleme gibt – es gibt nur Gelegenheiten, mehr zu lernen: *Probleme sind Aufgaben!*

Spüren Sie einmal, wie unterschiedlich Sie sich (körperlich!) fühlen, wenn Sie das Wort »Problem« oder »Aufgabe« denken. Ich bin mir sicher, dass Sie bei »Aufgabe« schon innerlich die Ärmel hochkrempeln – na, dann packen wir's mal an! Ein »Problem« hingegen fühlt sich meistens wie ein

107

dicker, undurchdringlicher Kloß an, der im Magen, im Kopf oder anderswo im Körper liegt.

Analysieren Sie also Ihre Sorgen und Befürchtungen, indem Sie alles, was mit Ihrer »Aufgabe« zusammenhängt, aufschreiben, und fragen Sie sich: Welche Ursache haben diese Sorgen? Welche Lösungsmöglichkeiten gibt es? Welche davon gefällt mir am besten? Welche ist am ehesten machbar? Um Ihre Unruhe zu besänftigen, kann außerdem folgendes Vorgehen sehr hilfreich sein: Stellen Sie sich einmal vor, wie Sie in einer Woche (einem Monat etc.) auf dieses (nun vergangene) Problem schauen würden – es erscheint Ihnen dann nämlich durch den zeitlichen Abstand gar nicht mehr so »schlimm«. Und dann: Schreiten sie zur Tat!

● Eigenverantwortung: Viele Menschen belasten Ihre/n PartnerIn mit unnötigen Problemen. Wenn Sie sich nicht sicher sind, ob Sie die Herdplatte wirklich ausgeschaltet haben, dann verderben Sie Ihnen beiden nicht den Abend mit Jammern (»Hab ich oder hab ich nicht ...), sondern fahren Sie entweder kurz entschlossen nach Hause, um nachzuschauen, oder, falls Sie sich entscheiden, das nicht zu tun, lassen Sie den Gedanken auch wirklich fallen! Genießen Sie Ihren Film oder Restaurantbesuch, denn Sie können im Augenblick ja sowieso nichts dran ändern.

● Das Schlimmstmögliche: Malen Sie sich aus, was schlimmstenfalls passieren könnte – so sind Sie besser gewappnet. Sehen Sie dem Ereignis ins Auge (aber natürlich sollten Sie auch versuchen zu verhindern, dass das Schlimmste geschieht!). Fragen Sie Ihren Körper, wo das ungute Gefühl sitzt, und arbeiten Sie dort mit Atemübungen weiter, wie auf Seite 121 beschrieben.

Besonders in schwierigen Zeiten tendieren wir leicht dazu, alles um uns herum »Grau in Grau« zu sehen. Dabei ist es *gerade dann* umso wichtiger, für eine Stimmungsaufhellung zu sorgen. Das ist gar nicht so schwer, wie Sie zunächst vielleicht glauben mögen. Probieren Sie mal Folgendes aus:

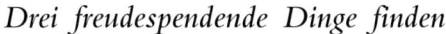

Drei freudespendende Dinge finden

Finden Sie jeden Morgen (oder spätestens tagsüber) mindestens drei Dinge, über die Sie sich freuen können (ein Sonnenstrahl auf der Bettdecke, das vertraute, liebevolle Lächeln Ihres Partners, eine wunderschöne Blüte irgendwo auf dem Weg zur Arbeit ...). Spüren Sie diese Freude auch körperlich!

▶ Unser Verstand und seine Funktionen

An dieser Stelle sollten wir einmal darüber nachdenken, wozu wir eigentlich unseren Verstand haben – vor allem, wie wir ihn optimal nutzen können! Das beinhaltet auch, welche wechselseitigen Beeinflussungen zum Körper bestehen und welche Folgen dies letzten Endes für eine Partnerschaft hat.

Konzentration: Wie oft leiden wir unter Gedankenzerstreung! Aber sind Sie nicht sofort aufmerksam und hellwach, wenn Sie etwas wirklich »brennend« interessiert? Schauen wir uns kleine Kinder an: Sie sind doch regelrecht süchtig danach, das Leben und alles, was sie selbst und andere tun, zu begreifen und zu verstehen! Also, werden wir wieder »wie die Kinder«: Aktivieren Sie Ihre Neugier, Ihre Beobachtungsgabe und die Liebe zum Lernen.

Und ist es nicht so? – Wenn wir einmal den Willen zum ständigen Dranbleiben und Fortschreiten entwickelt haben und dabei auch die Freude an kleinen und großen Erfolgen genießen können, nehmen wir gern so manche Anstrengung in Kauf. In solch einer neugierigen und lernbereiten Haltung steigern sich übrigens auch ganz automatisch, ohne dass wir noch Weiteres dazu tun müssen, unser Auffassungsvermögen und die Gedächtniskapazität! Und: Eine gute Beobachtungsgabe und ein umfangreiches Gedächtnis ermöglichen Ihnen ein gutes Urteilsvermögen.

Wissen Sie eigentlich, welche Augenfarbe Ihr/e PartnerIn hat? Könnten Sie ihre/seine Hände, ihre/seine Füße genau beschreiben?

Schulen Sie Ihre Beobachtungsgabe und Ihr Gedächtnis

Tun Sie dies bei jeder kleinsten Gelegenheit. Sie meinen, dass Sie die Straße, in der Sie wohnen, in- und auswendig kennen? Dann fragen Sie sich doch einmal Folgendes: Wie sieht das übernächste Haus rechts aus? Welche Farbe hat es, wie viele Fenster? Gibt es Vorhänge und könnten Sie diese auch beschreiben?

Kleine Kinder lernen noch mit dem ganzen Körper: Sie würden am liebsten alles anfassen und in den Mund stecken. Das brauchen wir als Erwachsene nicht mehr unbedingt, aber wir könnten viel öfter, als wir glauben, beim Lernen unseren Körper und Atem mit einbeziehen:

Versuchen Sie, mit Ihrem ganzen Körper zu lernen

Lassen Sie beim Lernen Ihren Atem immer gut durchströmen! Genießen Sie es in vollen Zügen, wenn sich Freude im Organismus ausbreitet. Gönnen Sie sich vor allen Dingen Ruhepausen und lassen Sie auch mal alles los, zum Beispiel mit Hilfe des »Federns« (siehe Seite 54) und durch häufiges *Dehnen*. Bleiben Sie auch körperlich beim Lernen beweglich.

Kreativität: In welcher Körperhaltung bekommen Sie eigentlich die besten Gedanken? Haben Sie schon einmal versucht, eine Angelegenheit – auch körperlich – unter verschiedenen Blickwinkeln zu betrachten? Auf diese Weise kann jedes Thema im Leben abwechslungsreich und vielseitig sein, eben weil Sie Ihren Blick dafür offen halten.

Die Welt immer wieder neu zu erspüren
öffnet Sie für neue und kreative Gedanken.

Nutzen Sie spielerisch jede Gelegenheit, auf die verrückteste Art Ihre Imagination zu fördern – die Gedanken sind frei! (Stellen Sie sich doch einmal vor, Sie und Ihr/e PartnerIn würden für einen Tag am Hofe Ludwigs XIV. leben ...)

110

Die Zentralidee[25]: Jeder Mensch hat bis zu einem gewissen Grade ein Bedürfnis nach Ordnung und Sicherheit. Ihre Gedanken sind dabei behilflich, Gefühle, Empfindungen, Ereignisse und Tätigkeiten (die eigenen und die der anderen) nach den Gesetzen Ihres selbst geschaffenen Weltbildes einzuordnen. Um unterschiedliche und sich widersprechende Tendenzen faßbar zu machen und um ein Chaos der Gedanken zu vermeiden, brauchen wir zum Einordnen Ziele und eine »Zentralidee«, um die sich unser Denken kristallisiert. Welches ist oder sind *Ihre* Zentralidee(n)? Eine große Familie zu gründen, viel Geld zu verdienen, sich immer wieder weiterzubilden, friedliches Zusammenleben mit den Menschen in Ihrer unmittelbaren Umgebung, Freude, Liebe, auch den kleinen Dingen Sorgfalt angedeihen zu lassen, Dankbarkeit ...?

Um »beim Einordnen« mehr Klarheit zu bekommen, können auch Atemübungen helfen: Wenn Sie sich körperlich »in Ordnung« fühlen, »fassen« (und ordnen) Sie auch leichter Gedanken. Aber das ist noch nicht alles: Vielleicht haben Sie ja mittlerweile schon beobachtet, dass Ihnen nach einer Atemübung auch manches gedanklich klarer wurde und Sie das Gefühl hatten, nun besser »durchzublicken«. Es ist tatsächlich möglich, körperlich zu spüren, in welche Richtung es uns im Leben zieht, und das verhilft uns auch dazu, uns unserer (Lebens-)Aufgaben und (Lebens-)Ziele bewusster zu werden. Eine meiner Lieblingsübungen hierzu ist:

〜 *»Standortbestimmung«: Vordergrund und Hintergrund erspüren* (diese Übung eignet sich besonders gut im Anschluss an eine Rückenübung, etwas dem »Wirbelsäule abrollen« (siehe Seite 51).

Ausgangsposition: Sie stehen in Beckenbreite, mit gelösten Knien, locker herabhängenden Armen und geschlossenen Augen. Drehen Sie nun Ihre Handflächen nach hinten um, und gehen Sie dabei in eine leichte Rückenbeuge. Fragen Sie sich (nacheinander, mit viel Zeit dazwischen): »Ist mein *Hintergrund* – das, was hinter mir liegt – warm oder kalt, hell oder dunkel, habe ich dort viel Platz oder ist es eng? Ist er mehr wie ein Sessel oder ein warmer Mantel, der mich einhüllt, oder ist dort ein Loch? Bekomme ich Bilder, Gerüche oder Ähnliches? Habe ich Lust, auch einmal einen oder

mehrere Schritte nach hinten zu gehen?« Kehren Sie zwischendurch immer wieder in die Ausgangsposition zurück und lassen Sie Ihren Atem immer gut fließen. Spüren Sie nach.

Befassen Sie sich nun mit Ihrem *Vordergrund*. Als Vorbereitung streichen Sie Ihre Leisten, das heißt da, wo Ihre Beine am Rumpf ansetzen, und legen Ihre Hände dort auf. Können Sie diesen Bereich gut wahrnehmen? Dasselbe tun Sie dann mit den Armansätzen (dort, wo Ihre Arme am Rumpf ansetzen). Nehmen Sie nun wieder dieselbe Ausgangsposition wie oben ein, und drehen Sie Ihre Hände nach vorne. Hier brauchen Sie Ihre Vorderseite nicht nach vorne zu dehnen (das führt leicht zu Anspannungen). Versuchen Sie vielmehr, sich gut in Ihrer gesamten Vorderseite sowie Ihren Leisten und Armansätzen zu spüren. Fragen Sie sich dieselben Fragen wie beim Hintergrund. Auch hier sollten Sie immer wieder zwischendurch in die Ausgangsposition zurückgehen. Spüren Sie gut nach. Wenn Sie mögen, können Sie dann auch einmal abwechselnd Hintergrund und Vordergrund erforschen (jeweils so lange, wie es sich gut anfühlt), wobei Sie zwischendurch stets die Ausgangsposition einnehmen sollten.

Gab es einen Unterschied zwischen hinten und vorne? Fühlten Sie sich in eine besondere Richtung gezogen? Wobei hatten Sie angenehme oder unangenehme Gefühle? Vielleicht wissen Sie ja nun ein wenig mehr über sich – diese Übung verläuft immer anders! (Sie sind ja auch nicht immer der/dieselbe).

Kontrolle: Bisher ging es mehr um das beobachtende, lernende Denken. Der nächste Schritt ist der, dass Sie dem Gelernten durch Gedanken eine Form geben, um sich damit für Ihre Handlungen vorzubereiten.

Zum Handeln brauchen Sie streng kontrollierte Gedanken. Das bedeutet, dass Sie fähig sein müssen, unerwünschte Gedanken zurückzuweisen, damit Sie Ihr Handeln nicht nachteilig beeinflussen. Auch wenn es Sie noch so reizen mag, wegen einer sarkastischen Äußerung Ihres Chefs ihm den Aktenordner vor die Füße zu werfen, oder wenn Ihnen beim Klärungsgespräch mit Ihrem Partner so einiges auf der Zunge liegt, was aber überhaupt nicht dort hineingehört (etwa seine schon längst abgehakten Versäumnisse) – so würde Ihnen das zwar im Augenblick gewisse Lustgefühle verschaffen, jedoch beiden Seiten nicht weiterhelfen. Die beste Übung zur Kontrolle unserer Gedanken ist, sie regelmäßig zu ordnen.

Gedanken ordnen

Nehmen Sie sich täglich ein wenig Zeit, um in Ruhe alle Gedanken, die Sie derzeit hauptsächlich denken, an sich vorbeiziehen zu lassen, und ordnen Sie sie anschließend (anfangs am besten schriftlich). Weisen Sie Ihren Gedanken Themenbereiche zu. Meistens ergeben sich erstaunlicherweise nicht mehr als vier bis fünf verschiedene Themen, um die unsere Gedanken »kreisen« (z.B. eine bestimmte berufliche Situation, eine spezielle partnerschaftliche Sorge, ein besonderes gesundheitliches Problem, wohin es im Urlaub gehen soll, die Erwägung, was Sie Ihrem Partner zum Geburtstag schenken könnten). Überlegen Sie, welche Gedanken »zu viel gedacht«, also überflüssig waren (etwa sich im Kreise drehende sorgenvolle Gedanken). Wenn Sie sich mit solchen Gedanken beschäftigen, die Sie zu keinem wirklichen Entschluss, zu keiner Tat führen, verlieren Sie viel Energie! Zudem erzeugen Angst

und Sorge Furcht, wodurch Sie weitere Energie verlieren. Schade – denn die könnten Sie doch bestimmt noch für ganz andere – angenehme – Dinge gebrauchen!

Aufbauende Gedanken fühlen sich immer energievoll an,
sie geben Ihnen Motivation und Elan, Ihre Ziele zu verfolgen.

Planen Sie in dieser Weise den nächsten Tag. Allmählich wird Ihnen das Ordnen zur Gewohnheit und Sie können es dann auch inmitten einer Tätigkeit durchführen. So kommen schließlich nur noch diejenigen Gedanken an die Oberfläche, die nützlich für Ihre gegenwärtige Beschäftigung sind.

Wenn Sie außerdem über Atemübungen gelernt haben, sich *körperlich* zu sammeln, können Sie sich auch gedanklich besser konzentrieren. Und dadurch, dass Sie sich (körperlich) mehr spüren, haben Sie auch Ihre Gefühle (Angst, Aufregung etc.) besser »im Griff« und können die damit zusammenhängenden Gedanken eher kontrollieren und beherrschen. (Mit der bereits geschilderten Übung »Federn« [siehe Seite 54] ist es zum Beispiel möglich, unerwünschte Gedanken regelrecht abzuschütteln. Mehr darüber Seite 121f.)

Gedanken schweigen lassen: Die Gedanken zum Schweigen zu bringen fällt den meisten Menschen zunächst sehr schwer. Doch alles Denken braucht Ruhepausen, und die finden wir normalerweise im Schlaf. Haben Sie nicht auch schon einmal erlebt, dass sich Ihnen morgens beim Erwachen die Lösung für ein Problem offenbarte, mit welchem Sie noch grübelnd ins Bett gestiegen waren? Und auch das ist bekannt: Wenn Sie unter Druck stehen oder aufgeregt sind, geraten auch Ihre Gedanken in Unordnung, und Sie fühlen sich verwirrt oder sogar ohnmächtig (= ohne Macht über sich selbst) – das »black-out«-Phänomen stellt sich ein.

Das Gedankenschweigen kann tatsächlich als die höchste Stufe der Gedankenbeherrschung betrachtet werden. Es ist letztendlich für jeden Menschen erlernbar und wirklich nur eine Sache der Übung. Wenn Sie Ihre Gedanken zum Schweigen bringen, öffnen sich Ihnen ganz andere Kanäle der Wahrnehmung als üblich. Um Sri Aurobindo zu zitieren:

»... dann hat die Wahrheit die Gelegenheit, in der Reinheit des Schweigens gehört zu werden.« Sie werden fähig, Eingebungen zu empfangen und deutlicher intuitiv wahrzunehmen, was der nächste (Lebens-)Schritt sein wird.

> In der Gedankenstille sind Sie aufnahmebereit,
> und es eröffnen sich Ihnen neue Horizonte.

Ist Ihnen schon einmal aufgefallen, dass Sie während der Atemübungen nicht denken? Je mehr Sie versuchen, Ihren Körper zu spüren, sich zu »sammeln«, desto weniger haben Ihre Gedanken das Sagen. Das ist übrigens auch gesund: Beim Messen von Gehirnströmen hat man festgestellt, dass wir uns in derartig beruhigenden Situationen im sogenannten Alpha-Zustand befinden, in dem unsere Gehirnwellen langsamer sind als zum Beispiel beim Denken, für welches die schneller verlaufenden Beta-Wellen typisch sind. Im Alpha-Zustand öffnen Sie sich nicht nur der Intuition, sondern auch Ihren inneren Heilkräften. Hier eine kurze Übung für sofort und eine länger andauernde für später:

∿ Die Gedankenstille

Dehnen Sie sich gut durch und versuchen Sie anschließend für mindestens zwei Minuten, Ihre Gedanken schweigen zu lassen. Lassen Sie Ihren Atem fließen, so wie er von selber kommen und gehen möchte. Eine erprobte Methode, um mit unerwünschten Gedanken umzugehen, ist: Stellen Sie sich vor, sie würden einfach wie Vögel am Abendhimmel vorbeifliegen.

∿ Atemmeditation

Dehnen Sie sich gut durch und versuchen Sie für zirka ½ Stunde, Ihre Gedanken schweigen zu lassen, indem Sie bewusst dem Verlauf Ihres Atems folgen. Tauchen Sie also ganz in Ihren Körper und seine Empfindungen hinein. Versuchen Sie, Ihren Atem von selber kommen und gehen zu lassen, und bleiben Sie die ganze Zeit im gesammelten Spüren.

Fazit: Ein bewusstes Umgehen mit unserem Verstand wirkt sich auf unsere Partnerschaft aus wie folgt:

- Sie können auf Ihre/n PartnerIn viel besser eingehen, wenn Sie konzentriert und aufmerksam sind. (*Konzentration*)
- Durch Ihre Kreativität wird die Partnerschaft farbiger und abwechslungsreicher. (*Kreativität*)
- Das verfolgen derselben – oder einer ähnlichen – Zentralidee verbindet Sie beide. (Die *Zentralidee*)
- Die Fähigkeit, im Gespräch unerwünschte Gedanken zurückweisen zu können, verhilft Ihnen zu mehr Klarheit. (*Kontrolle*)
- Das Gedankenschweigen bringt Ihnen neue Impulse für Ihr Zusammenleben und Sie lernen, mehr Ihrer Intuition zu vertrauen. (*Gedanken schweigen lassen*)

Wege durch den »Gefühlswirrwarr«

Da Gedanken und Gefühle so eng miteinander verknüpft sind, beeinflusst die Art und Weise, wie Sie mit Ihren Gedanken umgehen, natürlich auch unmittelbar Ihre Gefühle. Darüber hinausgehend jedoch sind unsere Gefühle noch inniger mit unserem Körper verbunden.

Denken wir daran, dass das Wort »Gefühl« im deutschen Sprachgebrauch häufig für die (körperlichen) Empfindungen gebraucht wird. Was das heißt, werden wir nun einmal näher betrachten.

▶ Rein in die Gefühle – oder lieber nicht?

In einem Frühlingsgedicht beschreibt Kurt Tucholsky den noch recht unbeständigen Berliner April in humorvoller Weise, indem er ein Pärchen auf der Parkbank folgendermaßen fragen lässt: »Nu raus mit de Jefühle oder rin mit de Jefühle oder wie?« ...

Ist es schon kompliziert genug, mit Gedanken bewusst umzugehen, so erleben wir es meist als noch schwieriger, unsere Gefühle so zu handhaben, dass wir sowohl uns als auch andere – und besonders unser/e PartnerIn damit glücklich machen. Wir haben in unserer Sozialisation kaum mehr gelernt, als unsere Gefühle bewusst oder unbewusst zu unterdrücken sowie in ausgewählten Situationen zuzulassen (falls es dann noch klappt). Jedoch: Grundsätzlich können wir Gefühle als eine Art Wegweiser betrachten, für das, was wir gerade tun und erleben und ob es gut für uns ist. Teilweise können sie uns helfen, das Erlebte besser zu verarbeiten – auch körperlich.

Im günstigsten Fall – das heißt wenn wir uns unserer Gefühle sehr bewusst sind, haben wir die Wahl zwischen drei Vorgehensweisen für ein aufkeimendes Gefühl. Und jedes Mal können uns sowohl Körperspürung, Gedankenkontrolle als auch Intuition dabei unterstützen: Entweder nehmen wir das Gefühl an, weil wir es als für uns gut empfinden, oder wir gehen damit erst einmal – um es besser kennen zu lernen – achtsam um, oder aber wir weisen es zurück.

Neuere Forschungen zeigen, dass interessanterweise Frauen – ganz unabhängig von ihrer Erziehung – offensichtlich besser als die Männerwelt ihre Impulse hemmen, Gelüste aufschieben oder ihre emotionale Erregung drosseln können. Das läge daran, dass »der hemmende Prozess aus dem Stirnlappen beim weiblichen Geschlecht mehr Gewicht besitzt«[26]. Der so genannte präfrontale Kortex, der vorderste Bereich des Stirnlappens, übt nämlich die Kontrolle über das limbische (Gefühls-)Zentrum aus. Laut der amerikanischen Psychologen Bjorklung und Kipp hätten Frauen im Laufe der Evolution diese Fähigkeit wohl deshalb entwickelt, da sie zur Aufzucht der Kinder häufiger auf momentane Befriedigung von Bedürfnissen verzichten mussten.

Allgemein gesehen können Gefühle wunderbare oder schreckliche Auswirkungen haben. Wunderbare, wenn wir uns in ein schönes Gefühl so richtig reinfallen lassen können, und schreckliche, wenn wir uns von quälenden Gefühlen beherrscht fühlen.

Gefühle, die uns stark bewegen – das heißt Emotionen –, scheinen uns oft wie aus heiterem Himmel zu treffen, wir fühlen uns von ihnen überflutet oder ihnen machtlos ausgeliefert. Denken Sie nur an Situationen, in welchen Sie Liebes-, Furcht- oder Wutgefühle nicht mehr kontrollieren konnten. Sind wir von einem Gefühl so sehr beherrscht, können wir auch vielfach keinen klaren Gedanken mehr fassen, was in der Regel unbedachtes Handeln nach sich zieht. Und später tut es uns dann Leid ...

Offensichtlich haben wir in unserem Gehirn immer noch die fürs Überleben wichtigen »Handlungsanweisungen« für Gefühle gespeichert. Entweder für Gefahrensituationen: Furcht = wegrennen oder sich tot stellen; Furcht gekoppelt mit Wut und Aggression = beißen und zuschlagen; oder für die Gewährleistung der Fortpflanzung: Liebe = lieben.

Andererseits zeigen uns Schauspieler oder kluge Kinder, dass man lernen kann, sich in Emotionen bewusst hineinzusteigern. Wie nun aber können wir starke Gefühle so handhaben, dass wir ihre Botschaft verstehen, ohne zwangsläufig – das heißt, ob wir wollen oder nicht – von ihnen überflutet zu werden?

Ich selbst habe jahrelang zwangsläufig immer wieder sehr wertvolle Erfahrungen mit dem Umgang von Gefühlsausbrüchen – den eigenen und den von anderen – gemacht, über die ich heute sehr dankbar bin: Als ich noch im Berliner Ausbildungsinstitut für AtemtherapeutInnen arbeitete, hatten wir dort bereits am frühen Morgen fast regelmäßig stattfindende Teambesprechungen. Diese verliefen des Öfteren reichlich emotionsgeladen, und nicht selten fand ich mich von Gefühlen wie Wut oder Trauer beherrscht. Nun pflegten aber die ersten Klienten bereits um 8.00 Uhr zu erscheinen. Ich war also gezwungen, etwas zu tun, um nicht in jener Stimmung zu verharren. Meine zunehmend erfolgreich angewandte Maßnahme, die ich gerne an Sie weitergeben möchte, war und ist auch noch heute folgende:

Verabredung mit einem Gefühl

Vereinbaren Sie mit Ihrem Gefühl, noch etwas zu warten, und verabreden Sie sich mit ihm für den Abend (z.B. um 19.00 Uhr). Versprechen Sie ihm, dass Sie es dann gebührend beachten werden. Machen Sie außerdem noch einige »erdende« Atemübungen. Sie werden es merken – nach einigem Training funktioniert das tatsächlich. Natürlich müssen Sie Ihr Versprechen dann auch einhalten! Erfahrungsgemäß werden Sie abends erfreulicherweise – wenn Sie das Gefühl dann voll zulassen – durch den zeitlichen Abstand bereits hilfreiche Erkenntnisse dazugewonnen haben.

Es gibt kein Gefühl, das nicht irgendwo im Körper spürbar ist.

Fragen wir uns doch einmal, welche Rolle unser Körper in solchen Prozessen spielt. Je deutlicher Ihnen der Zusammenhang zwischen Gedanken, Gefühlen, Empfindungen und Reaktionen wird, desto eher können Sie Ihre Gefühle lenken, anstatt dass sie über Sie bestimmen. Auch das ist ein lebenslanger Weg – die Früchte ernten wir aber bereits dadurch, dass unsere Partnerschaft auf dem Wege dorthin bedeutend davon profitiert.

▶ Entdecken Sie die Botschaften Ihrer verborgenen Gefühle

Wie bereits angedeutet, lernen wir normalerweise schon im frühen Kindesalter, in bestimmten Situationen unsere Gefühle zu kontrollieren, indem wir sie unterdrücken. Für ein einigermaßen friedliches und harmonisches menschliches Zusammenleben ist das bis zu einem gewissen Grade auch notwendig. Nur wird hier leider das Maß meist überschritten. Nehmen wir einmal an, Sie sind gerade fünf Jahre alt und aus irgendeinem Grunde traurig. Nun verbietet Ihnen Ihre Mutter – bewusst oder unbewusst – Ihre Trauer körperlich und sprachlich zu äußern. Was geschieht jetzt körperlich? Gleichzeitig mit dem Verbot wird auch Ihr Empfindungsvermögen für die »Trauergegend« beeinträchtigt, beispielsweise Ihre Herzgegend. Dadurch, dass Ihnen nicht erlaubt wurde, Ihre Trauer zu fühlen, ziehen Sie sich auch aus dem entsprechenden Körperbereich zurück; Sie nehmen ihn einfach nicht mehr so deutlich wahr. Ihre Muskulatur dort bleibt jedoch angespannt. Diese chronische Anspannung ist aber gleichzeitig auch ein Schutz für Ihren

Organismus, denn wenn Sie Ihre Trauer nicht herauslassen durften, sind Sie in dieser Beziehung auch in Ihrer freien Gefühlsäußerung verletzlich geworden. Die einst adäquate Reaktion führt im Erwachsenenalter in entsprechenden Situationen zu automatischem Verhalten, denn das Schlüsselerlebnis der Vergangenheit ist Ihnen nicht mehr voll bewusst – Sie leiden jedoch unter Herzschmerzen. Und die werden Sie auch erst dann endgültig los, wenn Sie deren Geheimnis, die Botschaft, eben die nicht gelebte Trauer – den verborgenen »Schatz im Schutz« – ergründet haben.

Lernen Sie Ihren Schutz als Schatz kennen!

Dazu müssen Sie sich aber zunächst einmal mit all Ihren Schmerzen und Verkrampfungen akzeptieren. Wenn Sie nun über Atemübungen lernen, wieder bewusster in den verschiedenen Gegenden Ihres Leibes zu leben, darin zu »wohnen«, brauchen Sie auch immer weniger den betreffenden Schutz. Sie spüren vertrauensvoll den sicheren Kern in Ihrem Innern, das Heile, das in jedem Menschen vorhanden ist – sei er auch noch so krank. Wenn sich das Heile in Ihrem Körper ausbreitet, dann erreichen Sie auch die »Schutzgegenden« und erleben sie neu. Sie entdecken dort den innewohnenden Schatz, die verborgenen Kräfte, die bisher nicht leben durften.

All das hat noch weitere Auswirkungen: Dadurch, dass Sie nun über ein gesteigertes Empfindungsbewusstsein schneller die von außen kommenden Signale und Ihre inneren feinen Regungen wahrzunehmen gelernt haben, vollzieht sich das Sichschützen, das Verschließen, aber auch das Sichöffnen viel schneller und flexibler.

In der gleichen Weise können Sie auch mit Ängsten umgehen. Weil das Gefühl der Angst oder Furcht in unserem Leben so häufig auftaucht, möchte ich gern im Folgenden intensiver darauf eingehen.

▶ Wie handhaben Sie das Gefühl der Angst?

Bei Angstgefühlen reagiert unser Körper spontan mit Enge, Stau, Verkrampfung, Kälte oder Taubheit, und Ihre Atembewegung wird kleiner und schneller, sie staut sich in bestimmten Körperbereichen oder stockt zeitweise. Ihr Körper kann dann nur unzureichend mit Atem versorgt werden. Das begünstigt wiederum, dass sich Gefühle wie Ohnmacht, Aggression oder Panik, die wiederum angststeigernd wirken, ausbreiten – und so schließt sich der Teufelskreis. In extremen Angstsituationen werden wir schließlich handlungsunfähig: Wir sind nicht mehr nicht in der Lage zu sprechen, zu schreien, einen Schritt zu gehen oder die Arme zu bewegen – wir fühlen uns wie gelähmt vor Angst und der Atem stockt.

Wenn Sie nun in solch einer Situation dafür sorgen, dass Ihre Atembewegung wieder frei durch den ganzen Körper fließen darf, wird auch allmählich die Enge verschwinden – und dadurch verringert sich wiederum Ihr Angstgefühl. Sie vertrauen einfach wieder mehr sich selbst, und die Angst kann von Ihnen nicht mehr Besitz ergreifen. Sie haben sich sozusagen selbst »in der Hand«, Sie bekommen einen »klaren Kopf«. Das geht folgendermaßen:

Legen Sie Ihre Hände auf die »Befürchtungsstelle«, und spüren Sie dort Ihre Atembewegung. Jetzt gibt es zwei Möglichkeiten – entweder:

- fühlen Sie, wie an der betreffenden Körperstelle ein guter Atemfluss entsteht und Sie sich dadurch insgesamt besser fühlen. Vielleicht kommt Ihnen auch schon eine Eingebung zur Lösung des angstauslösenden Problems. Oder:
- Es ändert sich nichts Entscheidendes an Ihrem unguten Gefühl. Dann arbeiten Sie mit dem Beckenkreis (Seite 97f.), dem Zunge-Umschlagen (Seite 41), dem U (Seite 65f.) und/oder dem Füße-Spüren (Seite 32f.). Alle vier Übungen bringen Ihnen mehr Atembewegung in Ihren Beckenraum – und das »erdet«. Im Anschluss daran werden Ihnen Übungen helfen, die lockernd und lösend wirken, wie etwa das Dehnen oder Federn (siehe Seite 34f. u. 54). Und schon atmen Sie freier durch. Die Angst wird für Sie fassbarer: Nicht die Angst hat Sie, sondern Sie (hand-)haben die Angst. Sie wird bewältigbar und Sie erahnen eventuell – wie unter der ersten Möglichkeit erwähnt – bereits die Lösung für Ihre Sorgen. Auf jeden Fall fühlen Sie sich nun stark genug, mit den Befürchtungen fertig zu werden. Sie fühlen sich insgesamt selbstbewusster und bekommen wieder mehr Mut, das Leben und die Probleme (= Aufgaben!) anzupacken.

Eine ähnliche Vorgehensweise, die sich auf alle Arten von Problemen und Gefühlen bezieht, wird übrigens – allerdings ohne Atemübungen – in dem Buch *Focusing* von E.T. Gendlin beschrieben.[27] Hier sollen dann schließlich, wenn der Körper zu Ihnen »gesprochen« hat, Worte gefunden und ausgesprochen werden, mit denen Sie die Natur Ihrer Empfindung und Ihres Gefühlszustandes möglichst treffend beschreiben.

Wie beim sinnvollen Umgang mit Gedanken geht es also auch beim bewussten Umgehen mit Gefühlen zunächst immer wieder darum, in aufmerksamer Selbstbeobachtung sowohl die Gefühle selber als auch die dazugehörigen Empfindungen zu erspüren, um sie besser einordnen zu können (womöglich erkennen Sie dadurch auch deren Ursache). Oft ist es hilfreich, wenn Sie wie im »Focusing« versuchen, dies mit Worten zu beschreiben, insbesondere, wenn es sich um Gefühle handelt, die Sie selbst oder Ihr Partner als unerwünscht betrachten: »Wenn du mit ihr so tuschelst, spüre ich einen Stich in der Herzgegend und werde wahnsinnig eifersüchtig« oder »Wenn du so langsam isst, werde ich immer ganz kribbelig.« Wann fühlen Sie sich schwach, entmutigt, verzweifelt etc., und was könnte dahinter stecken?

▶ Entwickeln Sie Willensstärke

Wenn Sie den festen Willen entwickeln, an Situationen wie den oben beschriebenen zu lernen, werden Sie sich selbst und Ihren Partner immer besser verstehen. Es ist absolut sinnvoll, sozusagen »gewohnheitsmäßig« einen starken Willen zu entwickeln. Er hilft Ihnen, sich durch Niederlagen nicht einschüchtern zu lassen, sondern sie als notwendigen Lernprozess auf Ihrem Weg zu sehen. Um Ihren Willen zu schulen, sollten Sie auch und gerade bei scheinbar unwichtigen Tätigkeiten Genauigkeit und Beharrlichkeit entwickeln. Wenn Sie sich zum Beispiel fest vorgenommen haben, öfter einmal das »Rückenklopfen« zu praktizieren (siehe Seite 52), dann sollten Sie sich weder durch innere noch durch äußere Ablenkungen davon abhalten lassen. Umso leichter wird es Ihnen fallen, auch bei umfangreicheren und schwierigeren Vorhaben durchzuhalten. Werden Sie also willensstark!

Es ist möglich, den Willen wie einen Muskel zu trainieren.

»Fühl mich!« oder: »Denkst du auch gerade, was ich denke?«

Wie wir bisher gesehen haben, geht von Gefühlen und Gedanken eine starke Kraft aus. Im Folgenden befassen wir uns damit, wie tief greifend ihr Einfluss auf die Partnerschaft tatsächlich ist (im Positiven sowie im Negativen) und wie wir lernen können, diese Kraft sinnvoll für ein harmonisches Miteinander zu nutzen.

◗ Fühlen Sie sich in Ihren Partner/Ihre Partnerin hinein!

In Kindheit und Jugendzeit sind wir einem ständigen Bad von Gedanken und Gefühlen seitens unserer Eltern und Erzieher ausgesetzt, und das hat zur Folge, dass wir uns im Laufe des Heranwachsens auch diesbezügliche Muster aneignen. Auch im partnerschaftlichen Zusammenleben entstehen mit der Zeit für beide Partner ganz spezielle, sich gegenseitig bedingende Gedanken- und Gefühlsmuster. Für ein harmonisches Zusammenleben ist ein bewusster und sensibler Umgang mit Gedanken und Gefühlen – sowohl Ihren eigenen als auch denen Ihres Partners – unabdingbar – und beides steht und fällt damit, wie gut Sie sich selbst beobachten und kontrollieren können.

Entwickeln Sie die Fähigkeit, sich in Ihren Partner hineinzufühlen, um seine Botschaften zu verstehen. Äußern Sie wiederum Ihre eigenen Gefühle so, dass sie für ihn nachvollziehbar sind: Um diese beiden Punkte ranken sich die meisten Probleme in der Partnerschaft. Wie ist das zu erklären? Was alles gehört dazu, uns in den anderen hineinfühlen zu können? Und warum geht das so oft schief? Hierfür gibt es vielfältige Gründe:

● Vielleicht wollen Sie aus irgendeinem Grunde Ihren Partner »schonen« – und schon kommt die Botschaft nicht als Ganzes zu ihm hinüber. Er wird misstrauisch – und das Problem ist da.
● Ihr Partner sieht und fühlt häufig eher als Sie selbst, was mit Ihnen los ist, und daraus ziehen Sie den Trugschluss, dass dies immer so sei. Sie drücken daraufhin Ihre Anliegen, Bedürfnisse oder Wünsche nur un-

vollkommen aus und sind dann enttäuscht und ärgerlich, wenn er Sie nicht versteht, und denken: »Er müsste doch eigentlich wissen, warum mir so viel daran liegt.«

- Sie trauen sich nicht, Ihrem Partner Ihre Gefühle mitzuteilen. Das Resultat: wie im vorangegangenen Beispiel.
- Zeitpunkt, Ort oder Worte sind unpassend gewählt.
- Sie können es nicht ertragen, wenn Ihr Partner anderer Meinung ist, etc., etc.

Welche Wege verhelfen Ihnen dazu,
sich in Ihren Partner besser hineinzufühlen?

Erwerben Sie die Fähigkeit, die Gefühle Ihres Partners oder Ihrer Partnerin körperlich wahrzunehmen.

Wenn sich Ihr Partner zum Beispiel über etwas freut, dann wird Ihnen sicherlich selbst weit ums Herz. Wut hingegen fühlt sich oft an wie eine Keule, die in die Magengegend schlägt. Wenn Sie fähig werden, die Gefühle Ihres Partners körperlich bewusst wahrzunehmen, bringt Ihnen dies fortlaufend hilfreiche Informationen über seinen jeweiligen Gemütszustand. Ein weiterer Weg, offener zu werden, ist, wenn Sie einmal einen halben oder auch ganzen Tag lang gemeinsam schweigend Ihre Alltagsvorrichtungen tun: Versuchen Sie also, sich auch ohne Worte zu verständigen. Das erfordert zwar einige Disziplin, kann aber sehr lustig sein!

Natürlich helfen auch wieder die Atemübungen, um unsere Fähigkeiten für körperliche Wahrnehmungen zu schärfen. Zum einen steigert sich dadurch Ihr Empfindungsbewusstsein und Sie können sich körperlich besser in Ihren Partner hineinversetzen. Zum anderen sind Sie aber auch mehr in der Lage, sich gezielter abzugrenzen.

Erfahrungsgemäß beeinflusst der ausdrucksstärkere Partner gefühlsmäßig den anderen. Sie kennen das: Ihr Partner fühlt sich aus irgendeinem Grunde niedergeschlagen, während Sie äußerst wohlgemut gestimmt sind. Am liebsten würden Sie pfeifend durch die Wohnung wandern, aber das passt natürlich nicht zur Stimmung Ihres Partners. Hier sind Ihre Kreativität und Ihr

Einfühlungsvermögen gefragt! Finden Sie Wege, sich nicht selber die Stimmung »verderben« zu lassen, sondern Ihren Partner bestmöglich und einfühlsam aufzumuntern.

> Je mehr zwei liebende Menschen
> körperliche Nähe zueinander empfinden,
> desto eher gleichen sich auch ihre Stimmungen an.

Durch ein gutes Selbstmanagement lässt sich dies in eine positive Richtung hin fördern, aber auch dadurch, dass Sie Ihre »Antennen« immer gut pflegen.

Achten Sie auf Gefühls- und Gedanken-botschaften der »feineren« Art!

Allgemein bekannt ist, dass Tiere – beispielsweise Löwen oder Hunde – Gefühle – wie etwa Angstschwingungen – wittern können und sich dementsprechend verhalten. Und vielleicht haben Sie auch schon einmal davon gehört, dass Topfpflanzen Ihre Besitzer mit reichlich Wachstum belohnen, weil diese Ihnen liebevolle Gedanken geschickt haben. Warum sollte Ähnliches also nicht auch zwischen uns – angeblich so hoch entwickelten – Menschen möglich sein?

Insbesondere wenn sich zwei Personen nahe stehen, tritt ein recht häufig zu beobachtendes Phänomen auf: Das Auffangen von Gedanken. Jeder hat das schon erlebt: Sie denken an jemanden, und in diesem Augenblick klingelt Ihr Telefon – und wer ist dran? Eben dieser Mensch. Es gibt sogar Leute, die die Fähigkeit besitzen, Gefühle und Gedanken von anderen bildhaft in Farben und Formen zu sehen oder sie als Geschmack oder Geruch wahrzunehmen.

125

Gedanken wie auch Gefühle können tatsächlich »strahlen« – Sie müssen nur empfangsbereit dafür sein! Während es für uns noch einigermaßen leicht ist, die Gefühle anderer wahrzunehmen, fällt uns das bei Gedanken schon schwerer. Dabei braucht es nur einen Schritt vom Wahrnehmen eines Gefühls bis zum Erfassen eines Gedankens – und eins fördert das andere. Vielleicht kennen Sie ja auch Menschen, die fähig sind, positive Gedankenkraft auf ihre Umgebung so auszustrahlen, dass sie andere damit regelrecht »anstecken«. Solche Eigenschaften (weiter) zu entwickeln ist für eine Partnerschaft von unschätzbarem Wert! Fördern Sie also die Fähigkeit, Gefühle und Gedanken anderer wahrzunehmen, und achten Sie einfach öfter einmal auf solche Gedankenbotschaften! Zum einen lassen sie uns besser in gleichem, harmonischen Rhythmus schwingen, zum anderen helfen sie uns, frühzeitig wahrzunehmen, wenn etwas nicht »stimmt«.

Um sich besser in den anderen einfühlen zu können, lohnt sich auch einmal die Beschäftigung mit der Frage, auf welcher Gefühlsgrundlage Ihre Partnerschaft eigentlich steht:

 Von welchen Gefühlen ist Ihre Beziehung getragen?

Neben (hoffentlich!) Gefühlen der Liebe gibt es sicher noch andere, zum Beispiel Zuverlässigkeit, Zärtlichkeit, Spontaneität, Liebe zur Natur. Die Beantwortung dieser Frage verdeutlicht Ihnen, wo Gemeinsamkeiten oder Diskrepanzen im beiderseitigen Fühlen liegen. Außerdem: Wenn Sie sich beide über Ihre gemeinsame Gefühlsgrundlage bewusst sind, kann Ihnen nicht das passieren, was wir vielfach bei länger andauernden Beziehungen antreffen: nämlich dass beide eine gute Gefühlsgrundlage als Selbstverständlichkeit betrachten. Bedenken Sie: Wenn Sie sich selbst gegenüber nicht nachlässig sein wollen, so sollten Sie das erst recht nicht mit Ihrer Partnerschaft tun (auch wenn es gelegentlich anstrengend ist, aber es lohnt sich ja ...).

▶ Teilen Sie dem anderen mit, was Sie empfinden, fühlen und denken

Das Wort »mit-teilen« ist in dieser Überschrift tatsächlich wörtlich gemeint: Teilen Sie mit Ihrem/r PartnerIn, was Sie bewegt – und das so häufig und ehrlich wie möglich! Das schließt nicht aus, dass Sie dabei diplomatisch vorgehen, das heißt sich offen äußern, ohne Ihren Partner zu verletzen (mehr dazu im 5. Kapitel). Eine ausgezeichnete und bewährte Methode hierfür ist:

Das »Partnergespräch«

Verabreden Sie sich alle 14 Tage zu einem »Partnergespräch«. Hier kommt alles auf den Tisch, was Ihnen zu sich selbst und über den anderen inzwischen durch den Kopf gegangen ist: »Darüber habe ich mich gefreut!«, »Das hat mich gestört«, »Ich bin mir ganz unsicher, wie du mein Verhalten neulich empfunden hast.« Ein Beispiel:

Er durchwühlt scheinbar immer dann seine Papierberge besonders gründlich, wenn Sie wichtige Telefongespräche führen. Sie fühlten sich aber nach dem jeweiligen Telefonat nicht in der Stimmung, ihm zu sagen, wie sehr Sie das störte, oder Sie hielten zu diesem Zeitpunkt die Sache für nebensächlich (bis zum nächsten Mal ...). Sie dachten allerdings bei sich: »Wie unsensibel ist er doch.« Gerade die scheinbar kleinen Dinge, die nie (oder erst dann, wenn es zu spät ist) zur Sprache kommen, führen letztendlich zu Trennungen und Scheidungen.

Selbstredend sollte es in einem Partnergespräch nicht nur Klagen geben. Doch gerade die angenehmen kleinen Begebenheiten im partnerschaftlichen Zusammenleben werden mit der Zeit leider häufig als selbstverständlich betrachtet. Tut es Ihnen nicht auch gut, wenn Ihr Partner bemerkt: »Das fand ich aber neulich ganz lieb von dir, dass du den Müll runtergebracht hast, obwohl ich eigentlich dran war«?

(Eine Anmerkung zum direkten Aussprechen Ihrer Gedanken und Gefühle: Ehrlichkeit und Offenheit zwischen Partnern schließt nicht aus, dass sie sich auch immer noch ein Eckchen »Geheimnis« bewahren. Was bringt es Ihrer jetzigen Beziehung, wenn der andere über Ihre vergangenen Liebesbeziehungen bis in alle Einzelheiten hinein genau Bescheid weiß? Mit anderen Worten: Bewahren Sie sich Ihre »Intimspäre«, das heißt einige intime Empfindungen, Gedanken und Gefühle, die nur Ihnen allein gehören! Abgesehen davon, dass wir so etwas brauchen, bewirkt es beim Gegenüber, dass Sie für ihn/sie auch auf Dauer ein Stückchen geheimnisvoll bleiben.)

▶ Wie Gefühle und Gedanken von außen kommen

Eine − vorläufig − letzte Überlegung zum Thema: Wir sprechen immer von »*unseren* Gefühlen« oder »*unseren* Gedanken«. Ich bin der Meinung, dass sowohl Gefühle als auch Gedanken von außen an uns herantreten und wir uns aus dem vielfältigen Gefühls- und Gedankenspektrum das aussuchen, was sich mit der Zeit als unser eigenes und für unsere Person typisches Gefühls- und Gedankenmuster herauskristallisiert.

Denken Sie an eine Menschenansammlung, in der eine erhöhte Empfangsbereitschaft für Angstschwingungen besteht, zum Beispiel ein Unfallort. Wenn Sie genau hinspüren, werden Sie feststellen, dass diese Schwingung von einem Menschen zum anderen »springt«, sie erfasst einen nach dem andern, bis letztlich der Boden für das Ausbrechen von Panik bereitet ist − die fürchterlichen, durch Panik verursachten Unfälle unter Zuschauern in Fußballstadien beispielsweise geben dafür ein beredtes Beispiel. Wir können uns diesem Sog schwer entziehen. Dasselbe gilt natürlich auch für alle anderen Gedanken- und Gefühlsschwingungen. Nicht selten tritt ausgerechnet das ein, wovor wir uns am meisten fürchten − eben weil wir uns körperlich dafür öffnen. Wir sprechen also landläufig von *unserem* Gefühl, doch im Grunde genommen *machen* wir etwas zu unserem Gefühl.

Mit Hilfe von Atemübungen lernen Sie allmählich, souverän mit Gefühlen umzugehen, und irgendwann einmal werden Sie die Wahl haben: Sie können das Gefühl annehmen oder zurückweisen. Bei letzterem lassen Sie das Gefühl bewusst nicht in Ihren Körper hinein – Sie identifizieren sich einfach nicht damit. Dann sind Sie frei, sich das Gefühl aus einer gewissen Distanz anzusehen und zu erkennen, was daran für Sie unter Umständen auch positiv sein könnte.

5

Wort-Wahl oder Wort-Qual?

Gesprächsführung – mit dem Körper

Grundsätzlich geht es in diesem Buch ja nie um eine bloße Vermittlung von Verhaltensregeln. Das trifft auch auf die Gesprächsführung zu. Wir werden also nicht Seite für Seite erfahren: »Was sage ich, wenn ...« (das wäre der Weg der »erlernten Rhetorik« von außen nach innen). Vielmehr gehen wir auch hier den Weg *von innen nach außen*, welcher immer wieder Sie selbst als einzigartige Persönlichkeit meint. Diesen bezeichne ich gern, sofern er sich auf das Gesprächsverhalten bezieht, als *»erlebte Rhetorik«*. Im Folgenden möchte ich jene Schwerpunkte herausarbeiten, die sich auf *körperbewusstes Gesprächsverhalten in der Partnerschaft* beziehen. Natürlich können Sie vieles davon auch wieder auf Kommunikations-Situationen mit anderen übertragen.

Das Geheimnis besteht darin,
sich selber optimal wahrnehmen zu können.

Je besser Sie sich selbst spüren können, desto selbst-bewusster – im wahrsten Sinne des Wortes – treten Sie auch beim Sprechen auf. Manche der nun folgenden Vorschläge mögen Ihnen vielleicht zunächst recht simpel erscheinen. Doch bedenken Sie, dass sich die Anregungen ohne ein gutes Körperbewusstsein und ohne dass Sie sich empfindungsmäßig ständig rückkoppeln nur unvollständig umsetzen lassen.

Wie wichtig es ist, dass Sie mit sich selber achtsam umgehen, um auch Ihren Partner besser spüren zu können, wurde in den vorangegangenen Kapiteln bereits beschrieben. Dasselbe gilt auch für Gespräche. Was bewirkt es in Ihnen empfindungs- und gefühlsmäßig, wenn Sie sich zum Beispiel während einer Unterhaltung mit Ihrem/r PartnerIn ungerecht behandelt oder gar zurückgewiesen fühlen? Mit Sicherheit wird sich eine andere Atembewegung einstellen, als wenn Sie sich anerkannt oder verstanden fühlen. Ich möchte es an dieser Stelle noch einmal wiederholen: Wenn Sie fähig sind, sich selber gut wahrzunehmen und »in der Hand« zu haben, reagieren Sie auch souverän auf Ihren Partner, das heißt sowohl auf seine Haltung als auch auf seine Worte. Ihre gesamte Körpersprache (wie Haltung, Gestik, Mimik) wird ungehindert und direkt das ausdrücken, was Sie empfinden bzw. – vielleicht auch gezielt diplomatisch – Ihrem Partner vermitteln möchten. *Wesentlich ist dabei, dass Sie über das Sich-selber-Spüren im Dialog mit sich selbst bleiben.*

Und je besser Sie sich selber kennen, umso leichter fällt es Ihnen, auch für Ihren Partner ein Gespür zu bekommen. Auf diese Weise bleiben Sie während der Unterredung immer im Kontakt mit sich selbst und auch mit ihm.

Stellen Sie sich optimal auf das Gespräch ein

Sobald Ihr Partner sich von Ihnen nicht angenommen fühlt, treffen auch die besten Argumente ins Leere. Hier kristallisieren sich drei Themenbereiche heraus:

- Aufnahmefähigkeit und Einfühlungsvermögen
- »Raum-Management«
- Gesprächsvor- und nachbereitung

Aufnahmefähigkeit und Einfühlungsvermögen: In aktuellen Untersuchungen hat man herausgefunden, dass die Deutschen von ihrem Partner und ihrer Partnerin in erster Linie Beständigkeit und Einfühlsamkeit erwarten. Ich denke, dass das eine vom anderen abhängt, und dass gerade das gegenseitige Einfühlungsvermögen eine Grundvoraussetzung für weitere Qualitäten wie Vertrauen oder Verlässlichkeit etc. in einer Beziehung bildet. Wie aber können Sie am besten in einen Zustand gelangen, in welchem Sie im Gespräch sensibel und offen für den anderen sind?

Die erste Voraussetzung ist, dass Sie sich

- *wohl fühlen*, damit Sie
- *ruhig und ausgeglichen* sein können. Das ermöglicht, auf Ihren Partner besser eingehen zu können. Sie begegnen ihm in einer
- *wohlwollenden Haltung, akzeptieren* ihn so, wie er ist, und *wertschätzen* ihn. Sie agieren beide auf einer
- *gleichberechtigten Ebene* und übernehmen voll die *Verantwortung* für Ihren Anteil an der Unterhaltung. Außerdem sind Sie fähig,
- *gut zuzuhören,* und *offen für Rückmeldungen.*

Im Folgenden gehe ich im Einzelnen auf diese Qualitäten ein.

Wohlgefühl: Wie wir gerade gelesen haben, bildet das Wohlgefühl die beste Grundlage für jeglichen Kontakt und jegliches Gespräch, und es sollte Sie sozusagen als »Leitmotiv« durch Ihre Unterhaltung führen: Die beste Garantie für ein – ganzkörperliches – Einfühlungsvermögen ist es, wenn Sie sich während des Gesprächs immer (möglichst) wohl fühlen.

Das gilt grundsätzlich für jeglichen Meinungsaustausch, ist aber gerade dann besonders wichtig, wenn Sie ahnen, dass der Dialog mit Ihrem/Ihrer PartnerIn unangenehm werden könnte oder Sie vor einer Auseinandersetzung Angst haben. Sie wissen zum Beispiel ganz genau, dass das heutige Thema »Flirt mit anderen Frauen/Männern« lautet. Sie haben aber keine Ahnung, wie Ihr Treffen ausgeht. Infolgedessen sind Sie schrecklich aufgeregt und flatterig, atmen flacher als sonst und haben ein flaues Gefühl im Magen.

Sehen Sie deshalb als Erstes zu, dass Sie den Raum um sich herum angenehm gestalten: Schaffen Sie sich eine bequeme Sitzmöglichkeit, die Ihnen Bewegungsfreiheit gewährleistet, und ziehen Sie sich etwas Wohliges an. Machen Sie vor Ihrer Verabredung ein paar Atemübungen. Dehnen Sie sich auch während der Aussprache immer wieder einmal gut durch, und öffnen Sie gelegentlich das Fenster, damit die »alten Gesprächswolken« hinausziehen können. Spüren Sie immer wieder gut Ihre Füße und Ihren Boden, auch mit Hilfe von »stillen« Übungen (siehe Seite 41, 65f. und 139). Wenn Sie sich wohl fühlen, erleben Sie sich auch geborgener (in sich selbst) und gewinnen dadurch eine positive Ausstrahlung.

Ruhe, Ausgeglichenheit und Geduld: Wenn Sie sich so weit wie möglich wohl fühlen, sorgen Sie gleichzeitig auch für eine gute Basis, auf der sich innere Balance, Ruhe und schließlich auch Geduld aufbauen können.

Wir alle kennen allerdings Situationen, in denen es uns äußerst schwer fällt, Ruhe zu bewahren. So gibt es beispielsweise etwas in unserem Gefühlsbereich, dem es anscheinend eine teuflische Freude bereitet, uns zu erregen und anzustacheln – etwas, was die Dramatik, die Sensation liebt. Zum Beispiel: »M. ist aber heute wieder ganz schön aufgetakelt, ob die sich wohl in ihren neuen Chef verknallt hat? Erst gestern habe ich beobachtet, wie sie beide ... etc.« Über andere herzuziehen kann einen ausgesprochen angenehmen, lustvollen Kitzel in der Magengegend hervorrufen, oder? Vielleicht ergreifen sogar heftige Neidgefühle von uns Besitz. Denn unsere Gefühlswelt ist so beschaffen, dass wir leicht auf starke Emotionen »anspringen«.

Achten Sie einmal in Ihrer Partnerschaft auf diese »Gier nach Dramatik«! Dazu gehört auch: Türen knallen, Geschirr zerschlagen, dem Partner »eins auswischen wollen«, ihn anschreien oder das typische Eifersuchtsdrama, eben alles, was auch gleichzeitig in irgendeiner Weise zerstörerisch wirkt und den anderen herabsetzt. Dem nachzugeben führt natürlich keinesfalls zu einem für beide Partner befriedigenden Gesprächsergebnis.

Wenn Sie längere Zeit mit Atem- und Autosuggestionsübungen gearbeitet haben, werden Sie merken, wie beides entscheidend dazu beiträgt, sich ausgeglichener zu fühlen und sich selbst besser beherrschen zu können. In einem solchen Zustand wird auch Ihre Körperhaltung gelöst sein. Sie können Ihre Energien gut nutzen und verfügen über eine klare Sprache. Sie strahlen Selbstvertrauen aus und sind als ZuhörerIn voll anwesend. Und je mehr Sie innerlich und äußerlich ruhig sind, desto besser können Sie konzentriert, aufmerksam und spürsam bleiben – also mit Gedanken, Gefühlen und Ihrem Körperempfinden. Schließlich wird das auch Ihre/n PartnerIn »anstecken«.

Und wie können Sie lernen, geduldiger zu sein?

 *Üben von Geduld*

Angenommen, Sie warten schon seit Tagen auf einen wichtigen Brief – vielleicht von Ihrem/r Liebsten? Endlich ist er da – aber öffnen Sie ihn nicht gleich, warten Sie mindestens zwei Stunden (oder gar bis zum nächsten Morgen)!

Wie wir wissen, kann Geduld uns so manche Tür öffnen – ob zum Herzen des geliebten Menschen oder zur nächsten Stufe der Karriereleiter. Nehmen Sie sich also vor, bei der nächsten Unterhaltung bewusst geduldig zu sein.

Schenken Sie Ihrem Gegenüber ebenso viel Geduld, wie Sie selbst von ihm erhalten möchten.

Lassen Sie ihn oder sie ausreden, machen Sie sich eventuell schriftlich Stichpunkte und versuchen Sie, gelassen zu bleiben, auch wenn Ihnen etwas nicht »schmeckt«.

Seien Sie kreativ und erfinden Sie weitere »Geduldübungen«. Der Alltag hält vielfache Gelegenheiten dazu bereit.

Akzeptanz, Wohlwollen und den anderen wertschätzen: Als geduldiger Zuhörer wird es Ihnen natürlich leichter fallen, auf Ihren Partner intensiv einzugehen. Sie nehmen sich einfach mehr Zeit, auch die feinen Schwingungen »zwischen den Zeilen« zu erspüren, und sind voll und ganz »Ohr«. Sie bleiben im Kontakt mit ihm. Schauen Sie Ihren Partner direkt an und wenden Sie sich ihm mit Ihrem ganzen Körper zu. Geben Sie ihm durch Ihre gesamte Einstellung und (Körper-)Haltung zu verstehen, wie wichtig er für Sie ist. Gehen Sie grundsätzlich in jedes Gespräch mit der Haltung, dass der/die andere im Augenblick *der allerwichtigste Mensch auf der Erde* für Sie ist!

Auf Ihre/n PartnerIn trifft das ja sogar auch zu (in der Regel jedenfalls). Welche Auswirkung es für Ihr Gegenüber hat, wenn Sie eine gegenteilige Haltung einnehmen, mag folgende Begebenheit verdeutlichen:

Ich nahm einmal – es ist sehr lange her und ich hatte noch nicht viel Erfahrung mit guter Gesprächsführung – an einer therapeutischen Gesprächsrunde teil, mit deren Leiter ich in Ruhe ein paar Worte wechseln wollte. Er bat mich in sein Büro. Was aber tat er, während ich ihm mein Herz ausschüttete? Er blätterte in seinen Unterlagen! Sie können sich sicher vorstellen, wie ich mich fühlte: missachtet und nicht für »voll« genommen. Nach einem kurzen ersten Schock, gemischt mit Verwunderung, war ich dann allerdings glücklicherweise fähig, ihm zu sagen, wie er auf mich wirkte und wie ich mich dabei fühlte. Seine Reaktion: Er verstand mich sofort und legte den Ordner beiseite.

Seien Sie also in Ihrer Unterredung mit allem, was Sie sind und haben, für Ihre/n PartnerIn da, und zeigen Sie ihm das auch. Und wenn er in Ihren Augen Unrecht hat? Das ist noch lange kein Grund, sich darüber aufzuregen oder ihn als minderwertig einzustufen. Oft entwickeln wir anderen Menschen – und leicht auch unserem Partner – gegenüber in diesen und ähnlichen Situationen eine geringschätzige Haltung (natürlich um uns heimlich selber zu erhöhen). Seien Sie ehrlich mit sich selbst und achten Sie mal drauf! Versuchen Sie auf jeden Fall, zu respektieren, was und wie Ihr Partner fühlt, denkt und beurteilt – auch wenn das anders als bei Ihnen aussieht oder Sie sich darüber sogar ärgern. Probieren Sie nicht gewaltsam, ihn mit allen Mitteln von Ihrer Meinung überzeugen zu wollen, sondern gehen Sie davon aus, dass es eher normal ist, wenn ein anderer Mensch eine andere Meinung hat als Sie – auch wenn es der geliebte Partner ist.

Versuchen Sie, ihn mit allem, was er ist und hat, zu akzeptieren. Eine Gesprächshaltung, die dem anderen Akzeptanz erweist, ist immer hilfreich und bereitet einen fruchtbaren Boden für den Verlauf des Meinungsaustausches: Wenn sich Ihr Partner von Ihnen geachtet fühlt, wird er sich auch eher öffnen und zum Beispiel Fehler und Schwächen zugeben, denn Sie legen es ja nicht darauf an, ihn »fertig« zu machen.

Üben Sie Wohlwollen!

Sollten wir nicht dankbar dafür sein, dass es unseren Partner, unsere Partnerin gibt – mit allen Lernprozessen, die uns die Partnerschaft bietet? Hierzu gehört auch, dass Sie ihm sagen, was Sie an ihm schätzen:

Nutzen Sie die vielen kleinen Gelegenheiten des Alltags, Ihrem Partner Komplimente zu machen und ihm zu zeigen, was er für Sie bedeutet.

Sagen Sie ihm ruhig öfter mal die drei bedeutungsvollen Worte und was Sie an ihm mögen oder bewundernswert finden. Sie erinnern sich: Häufig betrachten wir die guten Eigenschaften des Partners als nicht mehr erwähnenswerte Selbstverständlichkeit und klagen nur noch über das, was uns stört (und das, je länger die Beziehung bereits andauert).

Gleichberechtigung und Verantwortung: Gehen wir davon aus, dass Sie Ihren Partner mit allem »Drum und Dran« voll akzeptieren, ihm grundsätzlich wohlwollend begegnen und mit sich selbst ebenso umgehen können. Dann wird es Ihnen sicherlich auch leichter fallen, darauf zu achten, dass immer wieder eine gleichberechtigte Gesprächsebene zwischen Ihnen beiden zustande kommt. Konkret bedeutet das, dass Sie Ihren Blick und Ihr Gespür schärfen für Situationen, in die sich leicht Machtgefühle einschleichen können. Nehmen Sie weder eine Haltung ein, in der Sie stirnrunzelnd, besserwisserisch und strafend auf Ihren Partner herabblicken, noch diese, in der Sie sich selbst herabsetzen, indem Sie sich wie ein Kind »brav« fügen. Handeln Sie erwachsen, das heißt, sorgen Sie für sich, und treffen Sie sachliche Aussagen. Erspüren Sie immer wieder neu mögliche Ungleichgewichtigkeiten bei sich selbst und dem anderen, um sofort entgegenwirken zu können: Achten Sie auf eine gleichberechtigte Ebene.

Ein Beispiel. Ihr Partner beschwert sich (tadelnd) bei Ihnen: »Wie lange soll die Wäsche denn noch auf dem Trockenständer bleiben?« Sie antworten (schuldbewusst): »Ich mach's ja gleich.« Nun könnten Sie aber auch folgendermaßen reagieren: »Weißt du, nachdem ich mich die letzten drei Tage bereits um unsere gesamte schmutzige Wäsche gekümmert und die Sachen x-mal vom Trockenständer genommen habe, hatte ich jetzt einfach keine Lust mehr«, vorausgesetzt, Sie sagen es nicht in einem vorwurfsvollen Ton. Sie können ja noch hinzufügen: »Vielleicht magst du es ja mal tun?«

   Schieben Sie Ihrem Gegenüber nicht die »böse Täterrolle« zu, welche es Ihnen erlaubt, »armes Opfer« zu spielen. Es sagt sich zwar sehr leicht: »Du ärgerst mich immer« oder »Du machst mich fertig«, doch fragen Sie sich einmal, ob Sie sich in solchen Situationen eigentlich ärgern oder »fertig machen« lassen *wollen*. Als selbstverantwortlicher Mensch formulieren Sie diese Sätze nun um in: »Ich lasse mich immer von dir ärgern (fertig machen).« Und nun brauchen Sie sich nur noch zu sagen: »Ich lasse mich *nicht* mehr von dir ärgern (fertig machen)« und dementsprechend zu handeln – das heißt für sich selber sorgen und es einfach nicht mehr zulassen, dass Sie so reagieren.

Übernehmen Sie Verantwortung für Ihre Handlungen
und betrachten Sie sich nicht als »armes Opfer«.

Zum verantwortlichen Handeln gehört auch, dass Sie von sich aus aktiv kritische Themen erörtern, anstatt zu warten, bis Ihr/e PartnerIn das tut oder, falls das nicht geschieht, die ganze Sache eskaliert. Machen Sie sich klar, dass es *immer* für beide erst einmal unangenehm ist, wunde Punkte direkt anzusprechen, aber ergreifen *Sie* die Initiative. Fassen Sie sich ein Herz:

Wenn Ihnen etwas an Ihrer Partnerschaft – oder an der Gesprächsführung – nicht gefällt: Agieren Sie anstatt zu re-agieren.

Sprechen Sie direkt an, was Sie stört, *bevor* es sich in Ihnen aufstaut (und damit zu unbedachten Reaktionen führt). Dazu gehört natürlich erst einmal eine Portion Mut. Aber letzten Endes werden Sie erleichtert sein und auch Ihr/e PartnerIn wird es Ihnen danken, denn Sie gewinnen beide mehr Klarheit über Ihre Beziehung.

Zur Selbstverantwortung ist auch die in diesem Buch immer wieder erwähnte Selbstbeobachtung wichtig, das heißt, dass Sie sich beim Sprechen selbst gut wahrnehmen und auf Ihre Atembewegung sowie andere körperliche Reaktionen achten. Wenn Sie sich solch ein Verhalten zur Gewohnheit machen, fördert dies Ihre Selbstbeherrschung sowie die Kontrolle über den Gesprächsverlauf. Spüren Sie auch, wann Sie innerhalb Ihrer Zwiesprache anregend oder beruhigend einwirken sollten oder wann es angeraten ist, das Thema zu wechseln.

Seien Sie so aufmerksam und flexibel wie irgend möglich!

Zuhören und Offenheit für Rückmeldungen: Sie möchten gern ein guter Zuhörer werden? Dann sollten Sie nicht nur aufnehmen, was Ihr Partner sagt, sondern auch während des Sprechens ganz bei ihm sein, indem Sie ihm diesbezügliche Rückmeldungen geben. Ausführliche Beispiele über eine angemessene Wortwahl finden Sie auf Seite 145ff. – im Folgenden wollen wir uns aber vorab schon einmal ein wenig damit beschäftigen, was für den Aufbau einer guten Gesprächsatmosphäre wichtig ist:

Unterstützen Sie Ihre/n PartnerIn durch Körpersprache (mit dem Kopf nicken) oder Sprache (»Wunderbar, finde ich auch ...«). Um sicher zu gehen, dass Sie das Gesagte so verstanden haben, wie er es meinte, wiederholen Sie es mit Ihren eigenen Worten. Nehmen Sie auch seine Gefühle wahr und sprechen Sie sie an. Versuchen Sie, Verbindungen zu ähnlichen Themen und Situationen zu schaffen. Seien Sie außerdem offen für jegliche Art von Rückmeldungen, die sich auf Ihre Person beziehen: Wenn der Partner

138

Ihnen beispielsweise mitteilt, wie er Sie gerade eben empfunden hat, bzw. Sie kritisiert oder angreift, dann hören Sie erst einmal ruhig zu, anstatt sich sofort zu verteidigen. Apropos Angriffe:

〰 Der Vokal »O« hilft Ihnen, sich zu schützen. Er bewirkt, dass Sie gut bei sich bleiben können, und behütet die empfindliche Magengegend. Das Üben funktioniert genauso wie die Arbeit mit dem Vokal **U**. (siehe Seite 65f.).

»Raum-Management«: Sie haben vermutlich bereits von den Vorteilen eines guten »Zeit-Managements« gehört. Meiner Ansicht nach ist jedoch das »Raum-Management« genauso wichtig. Hiermit meine ich zum einen alles, was im zweiten Kapitel (siehe Seite 38ff.) geschildert wurde. Zum anderen umfasst Raum-Management aber noch mehr: Fragen Sie sich doch einmal, welchen Raum Sie für sich beanspruchen – in Unterhaltungen beispielsweise –, aber auch sonst im Leben und natürlich ganz besonders in der Partnerschaft.

Gerade Frauen haben oft nicht gelernt, für genügend Raum um sich herum zu sorgen.

Das Gegenteil ist der Fall: Man hat uns anerzogen, dass wir besonders attraktiv wirken, wenn wir uns schmal machen, etwa beim Sitzen unsere Beine kokett zusammenlegen und die Arme fest an den Oberkörper pressen. Übertragen auf die Beziehung bedeutet das, uns eher an den Mann anzupassen und uns mehr um ihn zu kümmern als um uns selbst.

Besonders in Gesprächen verhilft Ihnen eine gutes Raum-Management dazu, dass Sie besser spüren, wo Sie und Ihr/e PartnerIn – buchstäblich – stehen. Sorgen Sie

139

für genügend Raum um sich herum? Haben Sie das Gefühl, dass Ihnen Ihr Partner nicht ausreichend Raum lässt bzw. Sie sich Ihren Raum beschneiden lassen? Gebrauchen Sie im Leben auch mal Ihre Ellenbogen? Die Fragen sind sowohl rein körperlich als auch im übertragenen Sinne gemeint. Verschaffen Sie sich mehr (Frei-)Raum, indem Sie zum Beispiel mitten in der Unterhaltung – selbstredend an passender Stelle – auch einmal aufstehen oder ein paar Schritte gehen, um wieder ein besseres Gespür für Ihren Raum zu bekommen oder die Grenzen neu »abzustecken«.

Bekommen Sie ein Gefühl dafür, wann Sie raummäßig Distanz brauchen und wann Nähe angesagt ist. Wenn Sie lernen wollen, mehr Raum einzunehmen, sind auch Autosuggestionsformeln wie »Ich nehme mir meinen Raum« hilfreich. Oder eine Atemübung:

∽ ∼ *Mehr Raum schaffen*

Vorbereitung: Sie sitzen aufrecht und streichen Ihre Flanken – das ist die Körperseite von der Taille bis zu den Achselhöhlen – und die Innenseite Ihrer Armbeuge (gegenüber des Ellenbogens). Nun stellen Sie sich vor, dass von Ihrer Armbeuge zur Flanke ein Gummiband befestigt ist, welches Sie zart dehnen, indem Sie Ihren Ellenbogen nach rechts (oder links) seitlich in den Raum hineindehnen. Lassen Sie Ihren Atem fließen – nach einiger Übung kann es sein, dass Sie in der Dehnung Ihren Einatem bekommen und in der Lösung den Ausatem.

Spüren Sie erst einmal nach und arbeiten Sie dann mit der anderen Seite. Fühlen sich Ihre Seiten gleich an oder nicht? Wie weit ist Ihr Raum jetzt? Diese Übung kann auch zu zweit besonders schön sein: Hierzu sitzen Sie nebeneinander und dehnen jeweils den dem anderen zugewandten Arm – dann tauschen Sie die Plätze. Achten Sie aber unbedingt darauf, dass jeder in seinem eigenen (Atem-)Rhythmus bleibt.

Gesprächsvor- und nachbereitung: Halten Sie sich an *die Regel von Zeit, Ort und Person:* Fragen Sie sich in jedem Fall und immer, ob der *Zeitpunkt* für Ihre Unterredung gut gewählt ist! Viele Streits und Missverständnisse entstehen aus Nichtbeachtung oder Nachlässigkeit, was den geeigneten Zeitpunkt anbetrifft. Unpassend ist es etwa, wenn sich einer von Ihnen gestresst fühlt: Wenn Ihr Partner gerade dabei ist, unter Zeitdruck geschäftliche Probleme zu wälzen, wird er bestimmt nicht sehr aufnahmefähig für Ihr Anliegen sein. Fragen Sie sich deshalb, ob Ihre Zusammenkunft nicht noch ein bisschen warten kann. Verabreden Sie mit ihm doch einfach – unter kurzer(!) Angabe des Themas – einen passenden Zeitpunkt – und üben Sie sich in der Zwischenzeit in Geduld.

Versetzen Sie sich also vorher immer in die Lage Ihres Partners und erspüren Sie ihn! Auch den *Ort* sollten Sie sorgfältig auswählen – er müsste möglichst frei sein von allem, was ablenken könnte, und Ihnen beiden Wohlgefühl und genügend Bewegungsfreiheit gewährleisten. Stellen Sie am besten das Telefon ab, und sorgen Sie für eine ungestörte entspannte Atmosphäre, bei einer Tasse Tee zum Beispiel.

Und was die »*Person*« anbetrifft: Stimmen Sie sich immer wieder bestmöglich – und ganzkörperlich – auf Ihren Partner und seine augenblickliche Verfassung so ein wie bereits anfänglich erwähnt.

Planen Sie für sich selbst das Gespräch rechtzeitig, am besten schriftlich. Auf diese Weise können Sie auch darüber nachdenken, welche Argumente er oder sie möglicherweise vorbringen würde, um bereits zu diesem Zeitpunkt dementsprechende Antworten durchzuspielen. Zögern Sie auch nicht, Ihre Notizen in die Unterredung mit hineinzunehmen. Falls Ihr Partner darauf irritiert reagieren sollte, geben Sie ihm zu verstehen: »Du bist mir so wichtig, dass ich keinen Punkt vergessen möchte.«

Je besser Sie vorbereitet sind, desto eher können Sie während des Dialogs auf Ihren Partner reagieren.

Nach dem Gespräch sollten Sie gründlich nach-spüren und nach-denken: Ist es in Ihren Augen im Großen und Ganzen zufrieden stellend verlaufen? Wo haben Sie sich »überfahren« oder hilflos gefühlt? Wann hätten Sie Ihre Ansicht deutlicher äußern sollen? Sind Fragen offen geblieben, auf die Sie

Ihre/n PartnerIn noch einmal ansprechen möchten? Wie fühlen Sie sich insgesamt nach der Aussprache? (Erleichtert, zufrieden, gekränkt, verunsichert ...) Erspüren Sie, an welcher Stelle Ihres Körpers Sie sich noch belastet oder beschwert fühlen und wo Sie bereits freier durchatmen können. Ihr »Empfindungsgewissen« gibt Ihnen die eindeutige Antwort, ob's für Sie stimmt oder nicht: »Kratzt«, »beißt« oder »nagt« es noch irgendwo?

Finden Sie das passende Wort!

Wussten Sie, dass sich Ihre innere Einstellung dem Gesprächspartner zu 90 Prozent über Ihre Körpersprache (Blickkontakt, Haltung, Gestik, Mimik) und Stimme (Klang, Lautstärke, Tempo) mitteilt? Wie man diese Qualitäten verfeinert, haben wir ja bereits im zweiten Kapitel besprochen. Im Folgenden geht es um die restlichen 10 Prozent, nämlich um das, was Sie inhaltlich über das Sprechen vermitteln (möchten). So wesentlich die nonverbalen Körpersignale auch sind (der Körper lügt nie) – so wichtig ist es jedoch auf Dauer, dass Sie sich darüber bewusst werden, inwieweit Ihre Wortwahl den Dialog unterstützt oder hemmt und ob Ihre Worte mit Ihrer Körpersprache und dem übereinstimmen, was Sie fühlen und ausdrücken (wollen). Die Kraft des Wortes kann ungeheuer stark sein, und vielleicht haben Sie bereits selbst erfahren, wie leicht gerade bei länger andauernden Beziehungen Nachlässigkeiten in der Wortwahl entstehen können (die letztlich den anderen herabsetzen). Schon als Kind beeindruckte mich das chinesische Sprichwort: »Ein Wort ist wie ein Pfeil, der, einmal von der Sehne geschnellt, nicht mehr im Fluge zurückgeholt werden kann.«

Sobald Sie sich mit günstigeren Formulierungen beschäftigen, werden Sie angeregt, Ihre Sprachmuster und -gewohnheiten neu zu überprüfen.

▶ Die Sprachwelten von Mann und Frau

Vermutlich ist Ihnen aufgefallen, dass das (Sprach-)Verhalten der Männer aufgrund ihrer Dominanz und Macht in unserer derzeitigen Gesellschaft nicht nur positive Aspekte hat. Ähnliches gilt für das (Sprach-)Verhalten der Frau: Frauen verfügen wegen ihrer Tendenz zur Anpassung nur über ein ungenügendes Repertoire an bestimmten Sprachfertigkeiten, weshalb es für sie schwieriger ist, sich in einer Unterhaltung verbal durchzusetzen. Dagegen wirkt ebendiese Fähigkeit zur Anpassung generell gesprächsfördernd, weil sie sich zugewandt verhalten und einfühlsam reagieren.

Eignen Sie sich also die sinnvollen Aspekte beider »Sprachen« an und lernen Sie aus den hier aufgeführten konstruktiven sowie destruktiven Beispielen, was Sie auf dem Weg zu einer gleichberechtigten Partnerschaft berücksichtigen sollten. Und:

> Entwickeln Sie Ihren eigenen, unverwechselbaren individuellen Sprachstil!

Da Männer schon als kleine Jungen dazu erzogen wurden, im Wettbewerb »ihren Mann zu stehen«, möchten sie auch gern von der Partnerin in ihrer Einzigartigkeit gesehen, anerkannt und bewundert werden. Frauen hingegen sind, wie bereits oben erwähnt, mehr zum Sichanpassen erzogen worden, und sie durften auch eher ihre Gefühle zeigen. Daher brauchen und erwarten sie von ihrem Partner, dass er ihre Gefühle annimmt, sie umsorgt und ihnen Sicherheit bietet. Auf das jeweilige Gesprächsverhalten bezogen bedeutet das: Während Männer eine Unterhaltung mehr unter dem »Wettbewerbs- aspekt« sehen (wer ist der Beste – wer hat Recht?), legen Frauen eher Wert auf Kooperation und darauf, dass jede Meinung gleichberechtigt zu Gehör kommt (was ist die beste Lösung?). Schauen wir uns »männliches« und »weibliches« Gesprächsverhalten einmal genauer an:

> *Männer* verfügen im Allgemeinen über Strategie, Stärke, Bestimmtheit und Führungseigenschaften.

Beim »brainstorming« sind sie häufig ausgezeichnet und überbieten sich gegenseitig beim Ideensammeln. Hingegen nehmen sie Kernaussagen oft thematisch nicht wahr, sondern nur, ob sie von der eigenen Meinung abweichen, wodurch die Betreffenden leicht aneinander vorbeireden. Meist möchten sie das Diskussionsthema bestimmen, und sie korrigieren gern oder bringen Einwände. Sie ziehen die Aufmerksamkeit auf sich, sprechen laut und bestimmt (auch, wenn sie sich nicht sicher sind), unterbrechen, berühren und blicken intensiv ihre Gesprächspartner (besonders Frauen) an. Sie machen gern Witze und versuchen sich in Dominanzstrategien wie: Verweigerung von Antworten, Abwerten von Gesagtem, Lächerlichmachen der Person oder Äußern von Zwischenrufen, die verwirren, verletzen oder verunsichern sollen (etwa über Aussehen, Alter, Kleidung). Der Kontakt ist insgesamt meist unverbindlich, neutral und zweckorieniert.

Frauen zeigen im Allgemeinen Sensibilität, Wärme, Mitmenschlichkeit und Einfühlungsvermögen.

Sie stellen Fragen, stimmen öfter zu (z.B. durch Kopfnicken), lächeln häufiger, wenden sich an einzelne Gesprächsteilnehmer, verhalten sich in der Regel kooperativ und bemühen sich um eine fließende Konversation. Meist leben sie bewusster im Körper und setzen ihn durch lebendige Körpersprache ein. Sie thematisieren gern unterschiedliche Ansichten, haben dabei ein unterstützendes Sprachverhalten und den Wunsch nach Harmonie und kreativen Lösungsmöglichkeiten. Hingegen fällt es vielen schwer, für sich selbst Reklame zu machen, ihren Eigenwert zu beweisen, ihre eigenen Ansprüche genügend einzubringen und sich durchzusetzen. Weil sie sich emotional mehr öffnen, fühlen sie sich bei Auseinandersetzungen deshalb leicht als Person in Frage gestellt. Sie können es schwer ertragen, wenn jemand böse auf sie ist bzw. sie ablehnt.

Nachfolgend benenne ich unvorteilhafte Formulierungen (bzw. beschreibe dementsprechende Situationen) und biete gleichzeitig geeignetere Lösungen an.

»*Weiche*«, **vorsichtige** *Formulierungen* **statt klarer, eindeutiger Aussagen:** Vielleicht, eigentlich, ein bisschen, scheinbar, etwas, ungefähr, vermutlich, also, man, dürfte, ich glaube/denke/meine, ich würde sagen/meinen, ich möchte behaupten, man könnte sagen, wenn ich das mal so sagen darf, das war nicht schlecht/o. k., das hat mir ganz gut gefallen.

Erkennen Sie sich wieder? Bewahren Sie – auch körperlich – Ihren Standpunkt, lernen Sie, mehr zu sich zu stehen und sich auch von der Wortwahl her eindeutiger und bestimmter zu äußern. Sagen Sie: »Ich bin

144

eindeutig für ...«, weil ...« (anstatt zu fragen). Äußern Sie: »Ich sehe das anders / Ich habe eine andere Meinung.« Achten Sie auch auf Ihre Mimik. (Gerade Frauen zeigen leicht die Tendenz, immer zu lächeln, auch wenn sie etwas Ernstes sagen – ihr Unbewusstes soll damit dem Gesprächspartner signalisieren: »Tu mir bitte nicht weh, ich bin so schwach«, woraufhin dieser sie aber nicht mehr ernst nimmt.) Geben Sie auch offen zu, wenn Sie etwas nicht wissen, aber bereit sind, von Ihrem Partner/Ihrer Partnerin zu lernen. Auch bei Verabredungen sollten Sie, um Missverständnisse und Ärger zu vermeiden, eindeutige Formulierungen finden, also statt »vor einigen Tagen = am Mittwoch« oder statt »so bald wie möglich = bis spätestens 16 Uhr«.

Fragen Sie sich: Bin ich eindeutig?

Sich unterbrechen lassen: Immer wieder wird bei Analysen von gemischten Gesprächsrunden festgestellt, dass sich insbesondere Frauen häufig das Wort nehmen lassen. Wenn Sie sich also unwohl fühlen, weil Sie jemand unterbricht, sagen Sie klar und ruhig: »Ich möchte gern meinen Gedanken zu Ende bringen« oder »Lass mich bitte aussprechen (– ich lasse dich ja auch aussprechen).«

▌ Gefühls- und Sachebene

Gerade zwischen Partnern geschieht es häufig, dass einer von beiden während des Gesprächs von der sachlichen auf die Gefühlsebene rutscht. Sofern er dabei über seine eigenen Gefühle spricht, ist das akzeptabel, ja sogar wünschenswert. Häufig aber beinhaltet die Äußerung Angriffe und Spitzen. Wenn Sie sich auf der Gefühlsebene angegriffen fühlen, so transportieren Sie Ihren Partner postum wieder zurück auf die Sachebene: »Es geht hier nicht um mein Alter, sondern darum, wer das letzte Mal die Küche geputzt hat.«

▌ Ich-Botschaften

Treffen Sie Ich-Aussagen: »Ich meine, dass ..., ich habe das Gefühl, dass ...«, anstatt die Formulierung »du hast« oder »du bist« zu verwenden, welche wie eine (auf ewig festgemauerte) Feststellung, Anklage oder wie ein Vorwurf

145

klingt. Ihre Beobachtung bleibt auf diese Weise bei Ihnen, es ist *Ihr* Gefühl, und Ihr Partner muss sich nicht bedroht fühlen und kann seinerseits zu seinem Gefühl stehen. Also statt: »Wenn wir nun schon einmal ausgehen, bist *du* ja doch nie rechtzeitig fertig« besser: »*Mir kommt es so vor*, als hättest du Probleme damit, rechtzeitig fertig zu werden, wenn wir ausgehen wollen. *Ich fühle mich* dann immer ganz hilflos und unglücklich. Vielleicht kann ich dir ja irgendwie helfen.« Führen wir dieses Beispiel noch weiter, so könnten Sie mit dem Motto weitermachen:

▶ »Wir-in-einem-Boot«

»...vielleicht können *wir* ja gemeinsam herausbekommen, woran das liegt.« Das Wörtchen »wir« verbindet und hat gerade in heftigeren Auseinandersetzungen oft rettende Funktion: »*Wir* wollen doch eigentlich beide dasselbe, nämlich uns nicht mehr über das Thema ›liegen gelassene Socken‹ streiten. Was also können *wir* tun, um hier eine endgültige und befriedigende Lösung für *uns beide* zu finden?« Oder: »Das war jetzt für *uns beide* unangenehm. Was könnten wir denn machen, damit das in Zukunft nicht mehr so läuft?«

Heben Sie so oft wie möglich Ihre Gemeinsamkeiten hervor und verwenden Sie das auch in der Formulierung.

Auf diese Weise sprechen Sie Ihr (ja tatsächlich vorhandenes) Wir-Gefühl an und kommen leichter zu einem gemeinsamen Ergebnis.

▶ »Du meinst also«

Diese – oder eine ähnliche – Formulierung hat sich insbesondere bei Angriffen und Unsachlichkeit gut bewährt: Ein Beispiel: »Andauernd lässt du deine Haare im Waschbecken liegen.« (Angriff) Was folgt normalerweise? Richtig, die Verteidigung: »Und du schließt ja auch nie die Zahnpastatube.« Auf diese Weise kommen Sie beide nicht weiter bzw. Sie geraten beide mehr und mehr in die Enge, werden zunehmend aggressiver und verletzen sich damit gegenseitig. Sagen Sie stattdessen: »Du meinst also, ich ...« oder »Wie meinst du das?« Dadurch geben Sie Ihrem Partner zu verstehen, dass Sie ihn ernst nehmen, und bringen ihn außerdem dazu, sich eindeutig – und sachlich – zu äußern: »Na ja, nicht andauernd, aber letzte Woche hast

146

du mindestens an vier Tagen nach dem Kämmen das Waschbecken nicht sauber gemacht.« Mit »Du meinst also« kommen Sie aus Ihrer Verteidigungsposition heraus und grenzen sich als Folge dessen deutlicher vom Partner ab. Nachdem er seine Meinung geäußert hat, können Sie ebenfalls in Ruhe Ihre Ansicht erläutern.

▶ Aufbauende und zerstörerische »Reizworte«

Mit »Reizworten« sind Worte gemeint, die entweder aufbauend wirken, also angenehme Gefühle auslösen, oder Begriffe, die den/die PartnerIn allein vom Wort her tatsächlich »reizen«, das heißt angreifen (sollen). Hierfür einige Beispiele:

Aufbauende Reizworte: schön, großartig, gut, traumhaft, ausgezeichnet, großartig, einmalig, eindrucksvoll, einzigartig, bemerkenswert, nachahmenswert, wunderbar, überzeugend, zuverlässig, danke, bitte, richtig, gerne, der Name des/r Partners/in.

Zerstörerische Reizworte (und -formulierungen): schlecht, falsch, dumm, unfähig, unmöglich, egoistisch, unzuverlässig, oberflächlich, faul, schlampig, ungenügend, mies, billig, primitiv, ordinär, nie(mals), schon wieder, was soll das, ja immer, immer noch, du musst, sollst.

Häufig verwenden wir destruktive Reizworte (ohne es zu merken oder »böse« zu meinen), wenn wir unser Gefühl ausdrücken wollen: »Ich finde, dass du dich bei unseren Freunden *unmöglich* aufgeführt hast.« Sagen Sie lieber: »Ich hätte es *günstiger* gefunden, wenn du gegenüber Karin *etwas taktvoller* gewesen wärest.« Oder statt: »Es sieht *schlecht* aus, wenn du während der Unterhaltung immer die Hände in den Taschen behältst« besser: »Mir ist aufgefallen, dass du im Gespräch oft die Hände in den Taschen behältst. Ich finde, du *wirkst* viel *offener*, wenn dein Gesprächspartner deine Hände sehen kann – außerdem ist es schade um deine schöne Gestik.«

Streichen Sie zerstörerische Reizworte aus Ihrem Repertoire, und verwenden Sie so oft wie möglich aufbauende Reizworte.

Die meisten von uns verwenden aufbauende Reizworte immer noch viel zu selten. Das hängt meistens damit zusammen, dass wir uns nicht trauen – vielleicht gibt es ja jemanden, der es besser weiß, und wie stehen wir denn da, wenn wir einen Menschen »falsch« eingeschätzt haben!

Stellen Sie sich einmal vor, Sie sind auf einer Geburtstagsfeier. Ein Gast hält eine Rede. Sie rufen anschließend begeistert aus: »Das war großartig!«, und Ihr Sitznachbar äußert halblaut zur anderen Seite: »Na ja, der hat sich wohl nicht gerade mit Ruhm bekleckert.« Vielleicht fühlen Sie sich dann peinlich berührt, weil Sie mit Ihrer Beurteilung scheinbar so »falsch« liegen. Aber, wie wir alle wissen, hat jeder Mensch nun mal eine eigene Meinung – und die eigentliche Aufgabe besteht darin, zu dieser auch dann noch zu stehen, wenn einer oder mehrere Menschen anders denken und fühlen als man selbst.

Wenn Ihnen also eine Eigenschaft oder ein Verhalten Ihres Partners gefallen hat, sagen Sie ihm das, indem Sie gezielt deutliche Ausdrücke verwenden – eben aufbauende Reizworte. Also statt: »Das fand ich ganz in Ordnung, wie du das gesagt hast« besser: »Ich finde, das hast du bemerkenswert formuliert«, oder statt: »Nicht schlecht, wie du das Auto so schnell in die Werkstatt bekommen hast« besser: »Ich finde es bewundernswert, in welch kurzer Zeit du es fertig gebracht hast, den Monteur zu überzeugen.« Aber sagen Sie auch Ihrem Partner, wie *Sie* sich fühlen, falls *er* destruktive Worte wählt!

▶ Konstruktiv Kritik äußern und empfangen

Noch einmal: Unterstützen Sie Ihre/n PartnerIn auch über das Wort so oft wie möglich! Ein Lob sorgt dafür, dass er besser durchatmen kann, was sein Wohlgefühl unterstützt.

Je öfter Sie die angenehmen Eigenschaften und Verhaltensweisen Ihres Partners hervorheben, desto eher wird er auch bereit sein, Ihre Kritik anzunehmen. Denn nun spürt er ja, dass Sie ihn als ganzen Menschen – mit all seinen Stärken und Schwächen – annehmen. Und wenn Sie noch am Anfang Ihrer Beziehung stehen? Oft scheuen wir uns gerade dann vor Kritik, weil wir befürchten, den Zauber zu zerstören. Doch früher oder

148

später müssen Sie ihm/ihr ja doch einmal sagen, wie sehr Sie beispielsweise seine/ihre Unzuverlässigkeit stört. Und diese Dinge ändern sich auch nicht, »wenn wir erst einmal verheiratet sind«. Und bedenken Sie: Je mehr Sie selbst bereit sind, sich zu ändern, desto eher besteht auch die Chance, dass Ihr Partner sich wandelt. Das trifft auch auf die Wahl Ihrer Worte zu: Je mehr Sie konstruktive, aufbauende Worte verwenden, desto mehr wird dies »abfärben« und desto bewusster wird auch der andere mit Worten umgehen.

Wie kritisieren Sie in konstruktiver, das heißt aufbauender Weise?

1. Äußern Sie zunächst, was Sie an Ihrem Partner schätzen und wie wichtig Ihnen Ihre Beziehung ist.
2. Bleiben Sie wohlwollend und liebevoll und schildern Sie kurz mit ein bis zwei Beispielen die Situation(en), in denen sich Ihrer Meinung nach Ihr Partner hätte anders verhalten sollen (»Da gibt es ein paar Dinge ...«). Blasen Sie das Ganze nicht übermäßig auf. Verwenden Sie Ich-Botschaften und positive Formulierungen (statt »Das war dumm«, »Ich würde mir wünschen ..., ich fände es günstiger/passender, wenn ...«). Erzählen Sie ihm, wie Sie sich in der betreffenden Situation und danach gefühlt haben. (»Ich habe mich darüber insgeheim den ganzen Abend lang geärgert und hatte Kopfschmerzen.«)
3. Bitten Sie ihn darum, Ihnen seine Sicht zu schildern. Versuchen Sie, sich in ihn hineinzufühlen und zu spüren, wie er sich wohl fühlen mag. Fragen Sie auch nach seinen Gefühlen – vielleicht reagiert er ja betroffen. Falls er wütend wird, erlauben Sie ihm, erst einmal »Dampf abzulassen«, unterbrechen Sie ihn nicht, und bleiben Sie selber so ruhig wie irgend möglich. Geben Sie ihm zu verstehen, dass Sie seine Gefühle und Empfindungen ernst nehmen. (»Ich kann verstehen, dass dich das sehr aufregt.«)
4. Wiederholen Sie mit Ihren Worten seine Ansicht und seine Gefühle, um sich zu versichern, dass Sie ihn richtig verstanden – und empfunden – haben. (»Du hast dich also zurückgesetzt gefühlt.«)
5. Suchen Sie gemeinsam nach Lösungen für zukünftige, ähnliche Situationen. Sie sollten sich zwar schon vor dem Gespräch über mögliche Lösungswege Gedanken gemacht haben, aber lassen Sie Ihrem Partner

genügend Zeit, auch selbst kreativ Lösungen zu erwägen. Durch geschicktes Fragen können Sie ihm dabei helfen (siehe Seite 151f.). *Er* muss ja erst durch einen Bewusstseinsprozess gehen, den *Sie* schon hinter sich haben. Erlauben Sie Ihrem Dialog auch (Atem-)Pausen zum Nachdenken und zum Sich-selber-Spüren, das heißt, lauschen Sie immer wieder in Ihren Körper hinein, er sagt Ihnen am ehesten, ob Sie auf der richtigen Fährte sind (Wohlgefühl!).

6. Verabreden Sie miteinander, nach einer gewissen Zeit noch einmal über dieses Thema zu sprechen (und halten Sie diese Vereinbarung auch ein!). Zollen Sie Ihrem Partner vor allem Anerkennung (und das nicht nur einmal, sondern immer wieder), wenn er sich nach dem Gespräch positiv wandelt.

7. Geben Sie Ihrem Partner zu verstehen, dass auch Sie Fehler haben und dementsprechend offen für Kritik sind. Fragen Sie ihn, ob es Dinge gibt, die er an Ihnen zu kritisieren hat. (»Könntest du mir bitte helfen, ...«)

Wie empfangen Sie Kritik am besten?

1. Wie anfänglich bereits beschrieben (siehe Seite 138), ist es ratsam, wenn Sie sich zunächst einmal alles ruhig anhören und die Bereitschaft zeigen, es auch anzunehmen, anstatt sich sofort zu verteidigen. Spüren Sie auch, wo und wie die Kritik körperlich »ankommt« (wie ein Fausthieb in den Magen, Hilflosigkeit und Schwäche in den Schultern ...). Helfen Sie sich mit den »stillen« Atemübungen (siehe Seiten 41, 65f. und 139).

2. Fragen Sie nach, bitten Sie um ein Beispiel. Wiederholen Sie das Gesagte mit eigenen Worten. Berücksichtigen Sie dabei auch die Gefühle und Empfindungen Ihres Partners bzw. sprechen Sie sie an. (»Ich habe den Eindruck, dass du dich sehr darüber geärgert hast.«) Stellen Sie Verbindungen zu ähnlichen Situationen her. (»Ging dir das nicht schon einmal so, als ich das tat?«)

3. Forschen Sie auch nach Ihren eigenen Gefühlen und Empfindungen, und unterdrücken Sie sie nicht (insbesondere, wenn Sie weinen müssen). Sollten Sie sich betroffen fühlen, dann sprechen Sie das aus, und leben Sie es auch gefühlsmäßig.

4. Nehmen Sie sich genug Zeit, über die Kritik nachzudenken. Vielleicht wollen Sie auch erst einmal »darüber schlafen«? Es kann ja sein, dass Sie einen riesigen Schrecken bekommen, weil Ihr Partner Sie auf eine Eigenart hinweist, die Ihnen bis dahin überhaupt nicht bewusst war, und Sie brauchen erst einmal genug Ruhe, um wieder Ihr inneres Gleichgewicht zu finden.
5. Falls Sie sich zu Recht kritisiert fühlen, geben Sie das auch ganz offen und ehrlich zu (und teilen Sie Ihrem Partner ggfs. auch mit, wie es Ihnen körperlich – und atemmäßig – dabei geht).
6. Falls Sie sich zu Unrecht kritisiert fühlen: Auch in einer zunächst total unsinnig wirkenden Kritik kann ein Körnchen Wahrheit stecken! Wir alle haben einen »blinden Fleck«. Sagen Sie also nicht sofort: »Das siehst du falsch!« (Ihr Partner/Ihre Partnerin sieht es nun einmal so, wie er es erlebt, also für ihn vollkommen richtig) sondern: »Ich empfinde das anders.« Wenn er ganz offensichtlich falsch liegt, sagen Sie nicht: »Das hast du falsch verstanden«, sondern übernehmen Sie Verantwortung für das, was Sie gesagt haben, und äußern Sie: »Da habe ich mich wohl nicht verständlich genug ausgedrückt« oder »Da hat sich wohl ein Missverständnis zwischen uns beiden eingeschlichen.« Achten Sie stets darauf, dass Ihr Partner »sein Gesicht wahren« kann – wenn Sie ihn beschuldigen oder angreifen, führt Sie das *beide* nicht weiter.
7. Verfahren Sie weiter wie bei »Kritik geben« (Seite 148ff.), das heißt, suchen Sie gemeinsam nach Lösungswegen und verabreden Sie, nach einer gewissen Zeit noch einmal über das Thema zu reden.

▶ Lernen Sie, geschickt zu fragen

Verwenden Sie so genannte *offene Fragen*, wenn Sie möglichst viele Informationen erhalten wollen. Das sind Worte, die mit »**w**« beginnen: wer, was, wann, wie, wo, weshalb, wohin, woher, wofür etc., also: »Wie hätte ich mich besser verhalten können? Seit wann beobachtest du das bei mir? Weshalb tust du das?« Gebrauchen Sie so genannte *geschlossene Fragen*, also solche, die bejaht oder verneint werden können (auch »Standesamtfragen« genannt), wenn Sie direkt auf eine Entscheidung oder ein Ziel zusteuern möchten, wie: »Magst du mir darüber mehr erzählen?« Durch geschicktes Fragen können Sie ein Gespräch gut »führen«, das heißt aufbauend beeinflussen, in Gang halten und Missverständnisse bereinigen.

▶ Üben Sie, »Nein« zu sagen

Oft fällt es uns schwer, einem geliebten Menschen eine Bitte abzuschlagen. Wenn wir dann doch dem Wunsch nachgegeben haben und uns infolgedessen überlastet fühlen, reagieren wir schnell unwillig und aggressiv, worunter dann wiederum der Partner leidet, sich schuldig fühlt, etc. Und das alles nur, weil wir nicht rechtzeitig erkannt haben, dass wir uns mit dem Annehmen der Bitte überfordert haben.

Wie sagen Sie Ihr »Nein« so, dass der andere sich nicht verletzt fühlt?

1. Werden Sie sich zunächst selber darüber im Klaren, was Sie wollen und können, und bitten Sie gegebenenfalls um Bedenkzeit. Verdeutlichen Sie sich, was geschieht, wenn Sie »Ja« und wenn Sie »Nein« sagen (am besten schreiben Sie das nebeneinander in Tabellenform auf). Oft müssen wir dabei feststellen, dass wir aus irrationalen Ängsten heraus »Ja« sagen, zum Beispiel der Angst, nicht mehr geliebt zu werden, wenn wir der Bitte nicht entsprechen. Überprüfen Sie also alle rationalen und irrationalen Gründe, und wägen Sie sie gegeneinander ab.

Fragen Sie sich, was Sie brauchen und wie wichtig Sie sich selbst sind.

2. Wenn Sie sich daraufhin entschlossen haben, »Nein« zu sagen, tun Sie es, indem Sie zunächst Ihrem Partner verdeutlichen, wie sehr Sie ihn schätzen und wie gern Sie grundsätzlich etwas für ihn tun. Stellen Sie dann die spezielle Situation und Ihre damit verbundenen Gedanken und Gefühle dar: »Für mich stimmt das nicht (mehr) so, weil ...« Suchen Sie gemeinsam nach einer Lösung (über die Sie sich selbst schon vorher Gedanken gemacht haben sollten).

3. Wenn es Ihrem Partner/Ihrer Partnerin schwer fällt, Sie zu verstehen, oder wenn er/sie versucht, Ihnen zu schmeicheln, oder Sie angreift – hier mehrere, untereinander kombinierbare Lösungsvorschläge: »Ich hab

dich so gern und kann dich gut verstehen. Es fällt mir sogar richtig schwer, nein zu sagen. Aber ich möchte auch mir selber treu bleiben. Versuch doch einmal, auch meine Seite zu sehen. Es fühlt sich einfach nicht mehr richtig an für mich. Auch wenn du jetzt ärgerlich bist: Ich möchte es nicht mehr tun. Du meinst also, ich bin selbstsüchtig? Wieso denkst du das von mir? Doch nicht etwa, weil ich jetzt nein sage? Nur deshalb? Dann muss ich eben damit leben.«

Abschließend: Bedenken Sie bei allem, was in diesem Kapitel dargestellt wurde:

Entscheidend ist nicht nur das, *was Sie sagen,* sondern vor allen Dingen, *wie* es bei Ihrem Partner *ankommt!*

Oft sind wir froh, endlich etwas loszuwerden, was uns schon lange bedrückt hat. Wenn dies aber beispielsweise zum ungünstigen Zeitpunkt geschieht und der Partner dafür aufgrund der Umstände gar nicht offen sein kann, missversteht er Sie viel eher – und das führt dann wiederum zu weiteren endlosen Schwierigkeiten.

Andere Unstimmigkeiten entstehen leicht aus Diskrepanzen zwischen dem, wie Sie sich *verhalten,* wie Sie *wirken* und wie Sie wirklich *sind.* Vielleicht wirken Sie nach außen hin ganz »cool«, über den Dingen stehend und beherrscht, aber eigentlich kochen Sie innerlich vor Wut. Die folgenden Fragen helfen Ihnen, diesen Dingen auf die Spur zu kommen (spüren Sie sich auch beim Fragen):

Was will ich sagen? Was sage ich tatsächlich? Was hört mein/e PartnerIn?

Konkret bedeutet das: Was möchten Sie Ihrem Partner denn *eigentlich* vermitteln? Stimmen Ihre Haltung, Gestik, Mimik, Ihr Blickkontakt und Ihr Stimmklang mit Ihren Worten überein? Lassen Sie sich auch darüber Rückmeldungen geben – und bedenken Sie dabei den besagten »blinden Fleck«.

Beziehen Sie diese Fragen auch auf Ihren Partner, das heißt, wie *er* sich *verhält, wirkt und ist*: Was will er sagen? Was sagt er tatsächlich? Was höre ich?

Fällt Ihnen zum Beispiel auf, dass seine Körperhaltung und das, was er inhaltlich sagt, überhaupt nicht übereinstimmen? Zum Beispiel kreuzt er seine Arme und Beine, atmet hektisch, sagt aber nach außen hin langsam und betont gelassen: »Nun erzähl mir doch erst einmal, wann das war, ich bin ganz Ohr.« Seine Körpersprache hingegen signalisiert, dass er erregt ist und sich schützt. Vielleicht findet Ihr/e PartnerIn ja auch Interesse daran, sich von Ihnen hierzu eine entsprechende (liebevolle) Rückmeldung geben zu lassen. Und wenn Sie das so machen, wie vorhergehend beschrieben, kann wohl nichts mehr schief gehen.

6

Wie viel
Raum brauchen Sie?

Nähe und Distanz

Wir alle kennen Pärchen, die auf uns »wie zusammengeklebt« wirken. Viele Paare sind sich über die tragende Bedeutung von Ausbreitung oder Abgrenzung innerhalb der Partnerschaft jedoch gar nicht im Klaren. Denn: Sobald wir uns intensiver aufeinander einlassen, öffnen und berühren wir ja unweigerlich gegenseitig tiefere Schichten unseres Wesens, und das erfordert, dass wir ebenso sensibel wie verantwortungsvoll miteinander umgehen. Doch viele Paare haben Probleme damit, die Balance zwischen Nähe und Distanz zu finden.

Erhoffen wir uns etwa nicht von der Partnerschaft die bedingungslose liebevolle und verständnisvolle Zuwendung, die wir im Elternhaus, in der Schule etc. vielleicht entbehren mussten? Oder sehnen wir uns nicht unbewusst sogar nach der Geborgenheit, die wir im Mutterleib hatten? Meistens übertragen wir die Erfüllung aller unserer Sehnsüchte auf unsere/n PartnerIn, was diese/n zwangsläufig und hoffnungslos überfordert. Und, um das Maß voll zu machen: Nicht selten erwarten wir – meist unbewusst –, dass sie/er auch noch alle unsere Verletzungen heilt, die wir in frühen Jahren wegen fehlender Nähe oder Distanz von Seiten der Eltern und Bezugspersonen erlitten haben.

Doch die Heilung kann nur durch uns selbst geschehen und auch erst dann, wenn wir gelernt haben, auch selbst die Verantwortung für die Heilung unserer Verletzungen zu übernehmen.

Allein oder gemeinsam?

Natürlich sind Sie überglücklich, wenn Sie (endlich) den passenden Partner oder die ideale Partnerin gefunden haben, und Sie wollen keine Minute mit ihm oder ihr versäumen! Wenn Sie sich länger kennen, ergeben sich zwangsläufig (un)bewusst getroffene Vereinbarungen über Dinge, die Sie lieber zu zweit oder allein tun. Vielleicht gehen Sie regelmäßig spazieren, schwimmen oder in die Sauna, treiben zusammen Sport, etc.

Und was tun Sie lieber allein?

Viele Menschen haben Probleme damit, weil sie entweder schlecht allein sein können oder denken, dass ihr Partner sie dann vermisst, und sie ihn deshalb nicht verletzen wollen. Eine Bekannte erzählte mir beispielsweise einmal, dass sie abends öfter Lust zum Klavierspielen habe, sich aber nur trauen würde, wenn sie allein sei. Da sie ihrem Partner jedoch nicht zumuten wolle, hierfür einige Zeit das Wohnzimmer zu räumen, könne sie sich nur sehr selten ihren Wunsch erfüllen. Mit ihm darüber zu sprechen kam ihr gar nicht in den Sinn. Als sie auf mein Anraten hin die Sache ansprach, konnte sie erfreut feststellen, dass ihr Partner sie sogar sehr gern unterstützte und es ihm offenbar nichts ausmachte, sich währenddessen mit einem Buch in die Küche zurückzuziehen.

Nun kann es natürlich auch vorkommen, dass Sie bei Ihrem/r PartnerIn tatsächlich auf kein großes Verständnis stoßen, wenn Sie einmal etwas allein tun möchten oder es brauchen, einen Abend lang nur für sich selbst da zu sein. Vielleicht haben Sie jahrelang gemeinsam dieselben Aktivitäten ausgeübt, und nun wollen Sie dieses Schema durchbrechen, weil es für Sie nicht mehr stimmt. In diesem Fall ist einige Überzeugungsarbeit angebracht. Sagen Sie beispielsweise: »Weißt du, ich kann mich umso besser und freier auf unser

156

Zusammensein einstellen, wenn ich erst einmal selber zur Ruhe gekommen bin und mich lange genug mit all diesen Gedanken beschäftigt habe, die mir schon den ganzen Tag lang im Kopf rumkreisen.« Oder Sie erläutern Ihrem Partner: »Die halbe Stunde Atemübungen am Abend hilft mir enorm, besser auf dich einzugehen, und außerdem habe ich dann auch viel mehr Lust und Energie, unseren gemeinsamen Abend schön zu gestalten.«

Übernehmen Sie die Verantwortung für Ihre Bedürfnisse! In vielen Beziehungen wird über gegenseitige Ansichten und die damit verbundenen Gefühle kaum gesprochen. Haben beide Partner darüber hinaus nicht das ausreichende Gespür füreinander, werden häufig (lautstark) Ansprüche erhoben, man beschuldigt sich gegenseitig, entwickelt Verteidigungsmechanismen und baut Projektionen auf, (d.h., dem anderen wird etwas zugeschoben, was man eigentlich selber tut oder tun möchte). Wir sollten uns also sowohl für unsere eigenen Prozesse als auch für den Verlauf unserer Beziehung stets voll verantwortlich fühlen.

Dies aber setzt voraus, dass wir immer wieder auch ganz allein an unserer Entwicklung arbeiten. Das kann mühevoll und anstrengend sein, und es erfordert einige Selbstdisziplin, all unsere Wünsche, Gefühle und Stimmungen zunächst nur mit uns selbst auszumachen, statt sie unreflektiert auf den Partner abzuladen. Erst wenn wir unsere eigenen sowie die Bedürfnisse des anderen respektieren und sie ausreichend »in aller Stille« ganz für uns selbst durchdacht, durchfühlt und durchempfunden haben, kann es zur gemeinsamen »Feinabstimmung« kommen. Wir brauchen also von Zeit zu Zeit das Alleinsein, um uns zu klären.

> Jeder Mensch braucht immer wieder die »innere Einkehr«,
> um in aller Stille zu sich selbst zu finden.

Auf einen Punkt gebracht bedeutet das: zu entdecken, wer wir sind und wozu wir auf der Welt sind – eine große Aufgabe! Versuchen Sie herauszufinden, was Sie von anderen Menschen unterscheidet, worin Ihre Einzigartigkeit besteht und worauf Sie sich im Leben gerne mehr konzentrieren möchten. Was kann Ihnen helfen, sich stärker und kreativer zu entfalten und zu verwirklichen? Ihr Partner oder Ihre Partnerin könnte Sie zwar bei der Beantwortung unterstützen, aber die Entscheidungen müssen Sie ganz allein treffen, und Ihren Weg gehen Sie mehr oder minder auch allein. Letztlich sind wir alle allein = All-ein, eins mit dem All: Wir betreten und verlassen diese Erde – allein.

Und Selbsterfüllung ist kein Egoismus, wie immer noch viele Menschen glauben, sondern unsere Aufgabe! Schenken Sie sich mit Ihrem Potential, mit allem, was Sie sind und haben, dieser Welt – und Ihrem Partner/Ihrer Partnerin. Überprüfen Sie stets aufs Neue, wann Sie das Alleinsein brauchen.

Zeit mit sich selbst

Nehmen Sie sich, wenn Sie von der Arbeit nach Hause kommen, erst einmal 15 bis 30 Minuten Zeit, um den Tag in Ruhe verarbeiten zu können, um loszulassen und »abzuschalten«, bevor Sie gemeinsam mit Ihrem Partner ins »Abendprogramm« starten.

In jeder Beziehung gibt es gemeinsame natürliche Rhythmen von Nähe und Distanz. Achten Sie einmal darauf, wie diese Rhythmen in Ihrer Beziehung aussehen und ob Sie beide auch die Distanz genügend zulassen. Respektieren und begrüßen Sie den Wunsch Ihres Partners nach gelegentlichem oder regelmäßigem Alleinsein, und zweifeln Sie nicht gleich bei jedem Anzeichen von Distanz an seiner Liebe zu Ihnen. Sollten Sie zu jenen Menschen gehören, die damit Probleme haben, dann fragen Sie sich einmal, wovor Sie eigentlich Angst haben. Oft steht die Unsicherheit dahinter, dem anderen nicht zu genügen (»Gebe ich ihm/ihr denn nicht alles, was er/sie braucht?«). Dieses Gefühl der Minderwertigkeit schwindet jedoch allmählich, wenn Sie lernen, sich selber zu genügen und entdecken, was Sie alles Schönes für sich selbst tun können. Folgende Atemübung hilft Ihnen, Ihren Partner »loszulassen« oder, besser noch, »freizugeben«:

»Freigeben«: Legen Sie im Sitzen Ihre Hände auf Ihre Körpermitte (siehe auch Seite 41f.), und spüren Sie dort eine Weile Ihre Atembewegung. Nehmen Sie dann innerlich Ihren Partner wahr oder eine bestimmte Eigenschaft von ihm, die Sie freigeben möchten. Daraufhin lassen Sie jeweils beim Ausatmen eine Geste entstehen, die sich für Sie körperlich »freigebend« anfühlt. Versuchen Sie, die Unterschiede wahrzunehmen zwischen freigeben, loslassen, abwehren, weggeben, fallen lassen etc. Machen Sie immer wieder zwischendurch eine Pause – nicht die Häufigkeit der Geste ist entscheidend, sondern Ihre innere Haltung. Sie werden genau spüren, wann die Bewegung »stimmt«.

In einer dynamischen, kreativen Beziehung ist der gemeinsame Rhythmus wie die Bewegung des Meeres – und des Atems. Die Wellen des Meeres kommen und gehen, das heißt, beide Partner bewegen sich immer wieder aufeinander zu und voneinander weg. Die Atembewegung von Einatem, Ausatem und Atempause bedeutet auf die Rhythmen Ihrer Partnerschaft übertragen: Sie empfangen (etwas kommt zu Ihnen, nach innen), Sie geben (Sie treten nach außen) – und Sie verarbeiten Ihre Erfahrungen in aller Ruhe – allein oder zu zweit.

Geben Sie sich hin, aber bleiben Sie achtsam: Genießen und gleichzeitig aufpassen?

Je nachdem, was wir so alles im Leben erfahren (und daraus gemacht) haben, entwickeln wir auch unterschiedliche Bedürfnisse nach Geborgenheit und Zärtlichkeit, nach Eigenständigkeit und Bewegungsfreiheit, nach Festhalten oder Loslassen. Das Spektrum reicht von einer symbiotischen Beziehung mit dem Wunsch nach ewiger Verschmelzung bis hin zum Eigenbrötlertum mit der Furcht vor (körperlicher) Nähe.

Die verschiedenartigen (Vor-)Erfahrungen mit den Beziehungsqualitäten der *Hingabe* und deren Gegenpol, der *Achtsamkeit,* führen besonders häufig zu Konflikten in der Partnerschaft. Hingabe bedeutet Nähe, Wärme, schenkt Geborgenheit und Sicherheit – doch im Extremfall kann sie verschlingend und erstickend wirken. Achtsamkeit bedeutet Distanz (auch Distanz zu sich selbst in der Selbstbeobachtung), gibt Klarheit, Übersicht und ordnet ein, kann aber, wenn sie ausschließlich gelebt wird, auch Unsicherheit, Fremdheit und eine Empfindung von Kälte beim Partner hervorrufen.

So könnte es zum Beispiel für *ihn* einer Selbstaufgabe gleichkommen, sich hinzugeben; er kann nicht gut »loslassen« und bleibt in allem, zum Beispiel auch beim Sex, überaus achtsam. *Sie* wiederum kann sich gut hingeben, hat aber Schwierigkeiten damit, zu sich selbst zu kommen und auf sich zu achten. Sie möchte nur noch Tag und Nacht so eng und innig wie möglich mit ihm zusammen sein. Das wiederum empfindet er als »Klammern« – es nimmt ihm die Luft. Und sie fühlt sich nun zurückgestoßen, nicht angenommen und erlebt ihn als kühl und unnahbar.

> *Sind sie nur in der* Hingabe*, so passen Sie sich an,*
> *ohne bewusst wahrzunehmen, was mit Ihnen geschieht.*
> *Sind Sie nur in der* Achtsamkeit*,*
> *können Sie nicht wirklich loslassen.*

Wenn Sie am Anfang einer Beziehung stehen und leichtfertig über individuelle Lebenserfahrungen, die daraus resultierenden Bedürfnisse und damit verbundenen persönlichen Unterschiede hinweggehen (»Das wird sich schon ändern«), erleben Sie früher oder später arge Enttäuschungen (= Sie selbst haben sich getäuscht, das heißt sich etwas vorgemacht). Ideal wäre es natürlich, wenn *beide* diese Unterschiede erkennen und daran arbeiten. Eine ausgewogene Balance zwischen Hingabe und Achtsamkeit gewährleistet, dass Sie sowohl sich selbst als auch Ihren Partner spüren (und genießen) können, ganz bewusst und angstfrei. Dieses Prinzip trifft übrigens auch auf die Atemübungen zu: Wenn Sie nur in der Hingabe sind, verlieren Sie sich in der Empfindung – sind Sie nur in der Achtsamkeit, verweilen Sie beim Beobachten und können nicht mehr genügend spüren.

Hingabe *und* Achtsamkeit sind besonders dann vonnöten, wenn Ihr Partner leidet. Hat er zum Beispiel Zahnschmerzen, und Sie fragen ihn jede Stunde einmal, was denn sein Zahn mache (weil sie so mitleiden), gehen Sie ihm damit bald »auf die Nerven«. Meistens können wir es schwer ertragen, wenn ein geliebter Mensch leidet, weil wir uns dann hilflos fühlen. Lieber wünschten wir uns, dass eher wir selbst vom Leid betroffen wären – damit können wir weit besser umgehen. Genau genommen packt uns das Mitleid, was aber auch nicht weiterhilft, denn Sie *übernehmen* ja dann *sein*

Gefühl und versinken selbst so tief im Schmerz, dass Sie gar nicht mehr in der Lage sind, Ihren Partner zu trösten. Wenn Sie stattdessen *mitfühlen* – also Mit*gefühl* statt Mit*leid* zulassen –, spüren Sie genau, was in ihm vorgeht, Sie bleiben achtsam und handeln dennoch frei. Und Sie geben frei.

Zwischen Hingabe und Achtsamkeit immer wieder die Balance zu finden ist also gar nicht so einfach und erfordert stets aufs Neue ein genaues Hinschauen, -hören und -spüren – an uns selbst als auch zum anderen hin gerichtet. Alle Ihre Sinne sind gefordert! Doch Sie werden merken, dass Ihnen dies mit wachsendem Empfindungsbewusstsein immer leichter fällt.

Hingabe und Achtsamkeit können Sie gemeinsam folgendermaßen üben:

∽∾∾ *»Rückengespräch«*

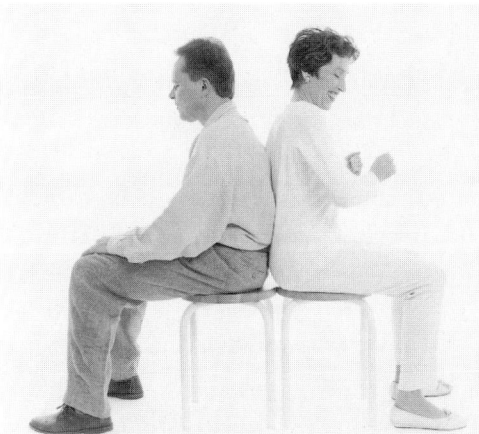

Stellen Sie zwei Hocker eng zusammen, und sitzen Sie in einem Abstand von 5 bis 10 cm mit dem Rücken zueinander. Nehmen Sie sich eine Weile wahr. Dann rutschen Sie – mit dem Kreuzbein zuerst – zum Partner oder zur Partnerin. Das »Rückengespräch« kann nun beginnen: Lassen Sie, ohne zu reden (schnurren ist erlaubt!), Ihre Rücken »sprechen« – es können zarte oder temperamentvolle Bewegungen sein, mal ist der obere Rücken mehr in Aktion, mal sind es andere Gebiete. Verweilen Sie auch einmal

ganz ruhig beieinander – vielleicht spüren Sie Ihre eigene oder die Atembewegung Ihres Partners im Rücken. Wenn einer das Gespräch beenden
möchte, gibt er das dem anderen zu verstehen – über den Rücken!

Spüren Sie nach und fragen Sie sich, ob Sie gut bei sich selbst bleiben
konnten oder ob Sie sich mehr am Partner orientiert haben. Waren Sie
mehr die/der Impulsgebende oder haben Sie mehr reagiert als agiert? Konnten
Sie sich auch genügend abgrenzen, wenn Ihnen etwas zu heftig, zu nahe
war? Konnten Sie das Rückengespräch genießen? Sprechen Sie über Ihre
Erfahrungen – vielleicht entdecken Sie ja Parallelen zu Ihrem sonstigen
Verhalten mit- und zueinander.

Wer ist der Stärkere?

In vielen Beziehungen wird das Zusammenleben durch Machtspielchen
bestimmt. Die Themen kreisen um: Wer ist stärker oder intelligenter (denken
Sie an jene Paare, die immer gleichzeitig reden ...), wer ist handwerklich
geschickter, kocht besser, wer gibt den Ton an oder wer braucht wen mehr
etc. etc. Sich stark zu fühlen, etwas gut zu beherrschen und zu siegen fühlt
sich natürlich äußerst gut an. Doch wenn wir dem anderen damit gleichzeitig
zu verstehen geben, dass er weniger wert ist als wir selbst, wird es
problematisch. Je mächtiger sich jemand fühlt, desto größer ist auch sein
Gebiets- und Besitzanspruch – das zeigt uns schon die Geschichte – denken
Sie an die Könige und Feldherren. Das Gefühl, mächtiger als der andere
sein zu wollen, drückt sich häufig auch im Bedürfnis danach aus, ihn zu
besitzen und zu führen (»Du gehörst mir«). Manche Frauen sprechen in
Gesellschaft über ihren (neben ihnen stehenden!) Mann wie über ihren
Hund: »Das isst er ja immer so gern ...«

Eine Sonderform des Den-anderen-besitzen-Wollens ist die Eifersucht,
welche ja eigentlich der Unsicherheit über den eigenen Wert, also einem
Minderwertigkeitsgefühl entspringt, wodurch dann das Bedürfnis nach Ab-
sicherung entsteht – man ist sich im Grunde genommen der Liebe des
anderen nicht sicher. Und wie reagiert der Partner? Entweder genießt er

das Gefühl, so sehr begehrt zu sein – vielleicht macht er sich auch ein Spiel daraus, Anlässe zu kreieren, um die Eifersucht weiter anzufachen –, oder er leidet darunter.

Manche Menschen wiederum lassen sich tatsächlich gern »besitzen« und vorschreiben, was zu tun und zu lassen ist. Sie fühlen sich im Status der Abhängigkeit ganz wohl: Es ist bequem, die Verantwortung abzugeben – der andere sagt, wo's langgeht, man wird geführt, betreut und versorgt – wie ein Kind. Dass der Partner gelegentlich damit triumphiert (»Ich weiß eben immer alles besser« oder »Ich weiß besser als du, was gut für dich ist«), wird entweder in Kauf genommen oder führt vom stillen Leiden bis hin zu schweren Vorwürfen (»armes Opfer und böser Täter«). In Kapitel 4 (siehe Seite 103) wurde bereits geschildert, wohin es führt, wenn der eine Partner sich nicht genug zutraut (»Das kann ich nicht«) und der andere sich gern in der Rolle des Helfenden sieht, weil er glaubt, sich dadurch die Liebe des Partners zu sichern. Möglicherweise genießt er es allerdings auch, Macht über den anderen zu haben und seine Überlegenheit ihm gegenüber auszuspielen.

Daraus entstehen dann festgelegte Formen und Rituale – bis hin zum mehr oder weniger offen ausgetragenen Machtkampf. Hinzu kommen zunehmend verletzender werdende vielfältige Arten des »Liebesentzugs«: ständiges Herumnörgeln – Schuldgefühle machen – Sticheleien – Eifersüchteleien – Zu-spät-Kommen – versalzenes Essen – Gehässigkeiten – andauernde Streitereien, womöglich mit körperlichen Angriffen verbunden. Und das alles nur, weil die Machtspiele nicht gegenseitig durchschaut werden. (Wenn es in Ihrer Beziehung bereits so weit gekommen sein sollte, wie gerade eben beschrieben, sollten Sie vielleicht auch therapeutische Hilfestellung in Erwägung ziehen).

Was aber können Sie tun, um eine solch zerstörerische Entwicklung zu verhindern? Leben Sie Ihr »Erwachsenen-Ich«, und achten Sie auf erste feine Anzeichen von unterdrückender Macht und sich allmählich in die Beziehung einschleichende Abhängigkeitstendenzen.

> So, wie es einen »Kitzel der Lust an Sensationen« gibt,
> existiert auch ein »Kitzel der Lust an der Macht«.

Den Partner liebevoll zu umsorgen oder auch einmal loszulassen und sich »anzulehnen« kann wunderschön sein. Es ist natürlich auch angenehm für Sie beide, wenn Sie sich in Ihren derzeitigen Stärken und Schwächen gegenseitig ergänzen. Aber tun Sie es bewusst – und empfindungsbewusst – in der vollen Anerkennung Ihrer selbst und Ihres Partners in wahrer Gleichberechtigung. Dazu gehört auch, nicht immer »den Starken markieren« zu wollen und dem anderen gegenüber auch einmal die eigene Schwäche, Unsicherheit und Hilflosigkeit einzugestehen und ihn um Hilfe zu bitten. Hierzu ein Beispiel:

Bei einem befreundeten Paar kritisierte der Ehemann an seiner Frau, dass sie während der gemeinsam durchgeführten Atemübungen häufig ihren Mund offen stehen ließ, und er fand, dass sie dann »dumm« aussah. Ihr war das gar nicht bewusst, sie fühlte sich nur »ertappt«, verwirrt, schuldig und hilflos und bemühte sich daraufhin »brav« und auch mit Erfolg, dass das nicht mehr passierte. Viel später erst erkannte sie, dass dieses Symptom eigentlich ein gutes Zeichen war. Sie lebte nämlich normalerweise immer sehr kontrolliert, und durch die Atemübungen konnte sie endlich einmal (die zusammengebissenen Zähne) loslassen. Durch die zusätzliche Kontrolle während der Atemübungen, das heißt darauf zu achten, dass ihr Mund geschlossen blieb, hatte sie lange Zeit verstärkte Schwierigkeiten mit der Hingabe (sie kam übrigens auch nicht zum Orgasmus[!]). Was also für *ihn* »dumm« aussah, war für *sie* ein Zeichen der (Er-)Lösung.

Erst viel später erkannte sie, dass es damals besser gewesen wäre, den Mut aufzubringen, Ihrem Mann ihre eigene Hilflosigkeit gegenüber seiner Aussage einzugestehen, anstatt »folgsam« zu reagieren. Vielleicht wäre innerhalb der Aussprache dann auch beiden seine Tendenz bewusst geworden, die Mimik von anderen ziemlich einspurig zu deuten. So aber wollte er einfach nur – unter Zuhilfenahme des negativen Reizwortes »dumm« – etwas abstellen, was ihn störte. Und noch mehr: Wäre er in der betreffenden Situation fähig gewesen, hinzuspüren, so hätte ihm das auch verdeutlicht, welche Prozesse sich tatsächlich bei ihr – und bei ihm – abspielten.

164

Ein gesteigertes Körperbewusstsein hilft uns erheblich bei der Deutung solcher Prozesse. Das »Führen und Geführtwerden« über den Körper kann äußerst spielerisch ausprobiert werden:

∿∿ Der »Kreuzbeintanz«

Berühren Sie sich im Stehen lediglich mit Ihrem Kreuzbein (das ist die Knochenplatte am unteren Ende Ihres Rückens). Lassen Sie Ihre Kreuzbeine »tanzen«, indem Sie Ihren Partner durch den Raum schieben, gemeinsam in die Hocke gehen, sich von ihm durch den Raum bewegen lassen – probieren Sie alle Arten von Bewegungen aus, die mit dem Kreuzbeinkontakt möglich sind. Nun? Entstanden lustvolle »Machtkämpfe«, oder war es mehr ein gemütliches Hinundherschieben?

»Auf engstem Raum« ...

Wir sprachen bereits im letzten Kapitel im Zusammenhang mit einer guten Gesprächsführung darüber, wie wichtig es ist, sich genügend eigenen Raum zu gestatten.

Jeder Mensch hat ein naturgegebenes Gespür für seine eigenen Grenzen – und die von anderen.

In der Rhetorik spricht man hier von »Distanz-Zonen«: Auf einer Party liegt die *gesellschaftliche Distanz* bei zirka 1,50 bis 2 Metern und, falls Sie sich eingehender unterhalten, bei zirka 0,90 bis 1,50 Metern (Gesprächs-distanz). Die *persönliche Distanz* beträgt 0,60 bis 0,90 Meter und fordert dadurch deutlich zur Zu- oder Abneigung heraus. Bei zirka 60 cm beginnt die *Intimdistanz* – so nah lassen Sie nur Ihren Partner oder Ihre Partnerin, Familienmitglieder oder Personen, die Sie wirklich mögen, an sich heran-kommen bzw. Sie fühlen sich bedroht, wenn jemand »unerlaubterweise« in diesen Distanz-Raum eindringt. Bildlich gesprochen: Wenn sich um Ihr »Körperhaus« herum Ihr »Garten« befindet, würden Sie ja auch nur ganz bestimmten Menschen dort Zutritt gewähren. Körperkontakt oder – noch weiter gehend – Hautkontakt erlauben Sie dann nur noch Ihrem Partner und Ihnen absolut nahe stehenden Personen, oder Sie lassen ihn beim Ritual der Begrüßungsurmarmung bzw. des »Küsschengebens« zu.

Übrigens wird von den meisten Partnern der Kuss als das eindeutigste Zeichen der Nähe zueinander gesehen und als noch intimer empfunden, als miteinander Sex zu haben. Ich denke, das hat auch damit zu tun, dass Sie sich hierbei schmecken. Geschmacks- und Geruchssinn hängen weitgehend zusammen. Insbesondere bei der Partnerwahl lassen wir uns entscheidend von unserem Geruchssinn leiten, er bestimmt darüber, ob und wieweit wir überhaupt jemanden an uns herankommen lassen. Wir nehmen also unbewusst chemische Botschaften wahr und verhalten uns dann dementsprechend. Erst vor kurzem wurde das hierfür zuständige Organ in der Nase entdeckt: Das Vomeronasalorgan (VNO). Dessen Nervenleitungen führen zum Hypothalamus im Zwischenhirn, der über Ausschüttung von Hormonen sämtliche lebenswichtige Körperfunktionen regelt – und damit werden auch unsere Gefühle beeinflusst.[28]

Manche Menschen (und nicht wenige Atemtherapeuten) nehmen über ihren Geruchssinn sogar ganz bewusst die Gefühle eines anderen wahr: Jemand, der sich wohl fühlt, riecht eindeutig angenehmer als einer, der angespannt ist oder Angst hat. Geruchs- und damit auch Geschmackserlebnisse werden in jenen Hirnregionen verarbeitet, die entwicklungsgeschichtlich zu den ältesten zählen. Sie werden deshalb nahezu »instinktiv« eingeordnet: Zum einen mussten wir ja in der Ur-Zeit sehr schnell reagieren, wenn ein Tier »gefährlich« roch, zum anderen warnt uns der Geschmack (meistens) vor unverträglichen Speisen.

Was nun die unmittelbare Berührung und den Hautkontakt anbelangt, lassen wir uns bekanntlich gern von jemandem berühren, den wir mögen. Berührung – und Zärtlichkeit – vermitteln Nähe und Vertrauen und können somit äußerst kreativ machen: Sie er-fassen, be-greifen Ihre/n PartnerIn (im wahrsten Sinne des Wortes). »Ohne die Fähigkeit zum leiblichen Spüren gibt es keine Liebe.«[29] Hautkontakt ist Nahrung! (Eine Freundin von mir, die lange in Afrika lebte, beobachtete auf offener Straße immer wieder folgende Szenerie: Wenn ein Passant sich gerade sehr über etwas aufgeregt hatte, so wurde er von den Umstehenden so lange gestreichelt, bis sich seine Wut wieder legte.) In vielen Partnerschaften lässt das Maß an Berührung und Zärtlichkeit mit den Jahren unmerklich nach, insbesondere, wenn einer oder beide geistig viel arbeiten – wenn wir logisch denken wollen, müssen

eben die Gefühle schweigen ... Dabei könnten wir, wenn wir nur sorgfältig genug nach innen spüren und uns selber achtsam fragen würden, deutlich etwas in uns wahrnehmen, was sich nach Berührung sehnt, vielleicht schon lange danach »hungert« oder sogar »weint«. *Viel körperliche Berührung fördert alle Prozesse in Ihrer Beziehung!*

Geschickt geschulte Verkäufer nutzen das: Sie ergreifen irgendwann einmal eine Gelegenheit, unauffällig den Kunden zu berühren – und die »Berührten« kaufen tatsächlich das Produkt eher als die »Unberührten«, weil ihr Unbewusstes ihnen Nähe und Vertrauen signalisiert.

Grundsätzlich entscheiden wir innerhalb von wenigen Sekunden immer wieder neu, wie weit wir jemanden in unser »Revier« hereinlassen wollen. Denn wir alle brauchen einen eigenen Bereich um uns herum, ganz ähnlich, wie wir das aus der Tierwelt kennen. Dort hat man übrigens festgestellt, dass selbst die ansonsten friedlichsten Tiere sich gegenseitig beißen, wenn sie in der Gefangenschaft zu dicht aufeinander hocken müssen. Wir Menschen verhalten uns letztlich auch nicht viel anders, wenn wir aggressiv auf zu viel Enge reagieren.

Darüber hinaus gibt es aber auch Menschen (vorwiegend Männer), denen das Gespür für die Distanz-Zonen teilweise abhanden gekommen ist und die sich unachtsam und unbewusst Raum greifend bzw. vereinnahmend bewegen und verhalten (besonders fällt das auf, wenn wir gezwungen sind, auf engstem Raum zusammenzusitzen oder zu -stehen, etwa in Bus, Bahn oder Flugzeug). Ein solches Verhalten ruft immer Unwohlsein hervor.

Je nach Weisheit und Temperament wird darauf hauptsächlich auf dreierlei Art und Weise reagiert: Entweder entstehen (wie bei den Tieren) Aggressionen und »Platzkämpfe« (bei uns Menschen mehr versteckte als offene), oder die »Niederlage« wird großzügig und gelassen akzeptiert (man will sich nicht mit dem anderen »anlegen«), oder aber man zieht sich frustriert zurück. Beobachten Sie einmal das geheime Spiel der Ellenbogen auf den Armlehnen im Zug oder Flugzeug! Wie bereits erwähnt, haben Frauen dabei eher die Tendenz, sich schmal zu machen und anderen den Raum zu überlassen, also in den Rückzug zu gehen. Und wie verhalten Sie sich in Ihrer Partnerschaft?

> In der Partnerschaft ist es ganz besonders wichtig, immer wieder neu das gegenseitige Raumbedürfnis zu respektieren.

Unser Bedürfnis, uns im Raum auszubreiten, variiert sowohl individuell als auch je nach Situation. Um uns zum Beispiel in den eigenen vier Wänden wohl fühlen zu können, kreieren wir unsere individuelle Atmosphäre: Wir statten unsere Räume nach unserem Geschmack aus, verschönern uns das Verweilen durch ansprechende Dekorationen wie Blumen und Kerzen und steigern das Ambiente zusätzlich über Musik oder Düfte. Beziehen wir dieses menschliche Verhalten nun auf die Partnerschaft: Was die Dekorationen etc. der gemeinsam benutzten Räume anbetrifft, würden Sie sich sicher auf die eine oder andere Weise einigen können.

Hinsichtlich der eigenen Atmosphäre, des eigenen »Intimraumes« (den wir ja, wie wir gesehen haben, alle brauchen) wird es jedoch problematisch, wenn die Wohnung kein eigenes persönliches Zimmer zulässt. Um den ebengenannten menschlichen Bedürfnissen gerecht zu werden, müssen Sie in diesem Fall andere Lösungen finden: So könnten Sie sich zumindest eine andere Art »eigenen Raum« einrichten, indem Sie etwa den individuellen Schreibtischbereich, eine Ecke im Zimmer mit einem eigenen Schrank usw. entsprechend deklarieren. Eigene Schränke, Schubladen etc. sollten für den/die PartnerIn immer tabu sein! (Ausnahme: echte Notfälle.) Oder fühlen Sie sich etwa wohl bei dem Gedanken, dass (unerlaubterweise) *er* in Ihren Kleidern oder *sie* in Ihrem Sekretär herumwühlt? Es wäre ein Einbruch in die Intimsphäre – ganz egal, wie sehr Sie sich ansonsten nahe stehen.

Beide Partner haben einen Anspruch auf »mein« und »dein«.

Erst durch das Eigene erhalten Sie genügend Freiraum, Bewegungsspielraum (und können freier atmen!). Ihr eigener Raum erlaubt es Ihnen, sich selbst und Ihr Leben besser ordnen zu können – oder auch einmal etwas herumliegen zu lassen. Je eindeutiger jeder seinen eigenen Bereich hat, desto weniger kommen Sie sich gegenseitig (auch auf anderen Gebieten) ins »Gehege«.

Wenn es nur gemeinsam bewohnte Räume gibt, müssen Sie beide umso mehr Rücksicht nehmen, und Sie sollten dann unbedingt über die Raumnutzung eindeutige Vereinbarungen treffen. Sie könnten zum Beispiel verabreden: »Macht es dir was aus, wenn ich mal für zirka zwei Stunden das Wohnzimmer alleine benutze?« Und wenn Ihr Partner mal etwas »mit sich selbst ausmachen« möchte, braucht er sicherlich auch den Raum ganz allein für sich und empfindet Ihre Anwesenheit und selbst Ihre Berührung als unwillkommene Ablenkung. Akzeptieren Sie sein Bedürfnis, und reagieren Sie nicht beleidigt mit: »Du liebst mich nicht mehr.«

Fragen Sie sich jetzt einmal ehrlich, wann Sie zum Beispiel eigentlich lieber alleine essen (und dabei lustvoll lesen) oder auch einmal in Ruhe etwas sortieren möchten. Optimal wäre es, wenn Sie Ihr(en) Innen(»raum«) und Ihr(en) Außen(»raum«) immer gut ausbalanciert erleben könnten. Verspüren Sie beispielsweise das Bedürfnis, sich innerlich auszudehnen, so sollten Sie nach Wegen suchen, sich auch im Außenraum Platz zu verschaffen (notfalls durch einen Spaziergang). Denn: Wenn Sie Ihr Bedürfnis nach Raum nicht genügend beachten, können Sie auch Ihrem Partner nur unzureichend Ihre eigenen Grenzen deutlich machen.

Vielen Paare leiden immer wieder unter Missverständnissen und Unstimmigkeiten, weil beide nicht gelernt haben, die eigenen Grenzen zu setzen. Das aber beginnt damit, dass Sie Ihren Körper und seine Begrenzungen spüren, wobei ein Bereich von zirka 15 bis 30 cm um Ihre eigentlichen Körpergrenzen herum (der »Garten«) auch noch zu Ihnen gehört. Wir alle haben Energiefelder, die, je nachdem wie gut wir durchatmet sind, sich mehr oder weniger stark um uns herum ausbreiten und deutlich wahrzunehmen sind. Versuchen Sie es einmal:

Energiefelder spüren

Streichen Sie Ihre Hände und halten Sie dann Ihre Handinnenflächen in einem Abstand von zirka 2 bis 10 cm zueinander. Wenn Sie Ihre Hände leicht aufeinander zu und voneinander weg bewegen, spüren Sie dazwischen ein mehr oder minder starkes »Magnetfeld«. »Strahlen« Sie nun mit Ihren Händen verschiedene Körpergegenden an – zunächst die eigenen, dann die Ihres Partners – und versuchen Sie, auch dort Energiefelder zu spüren.

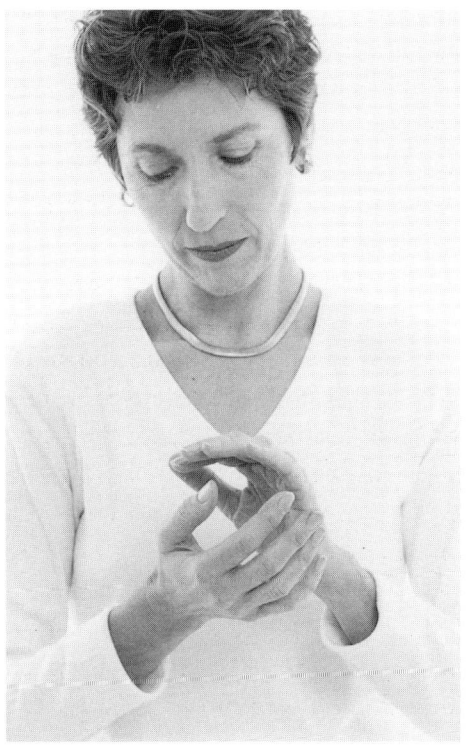
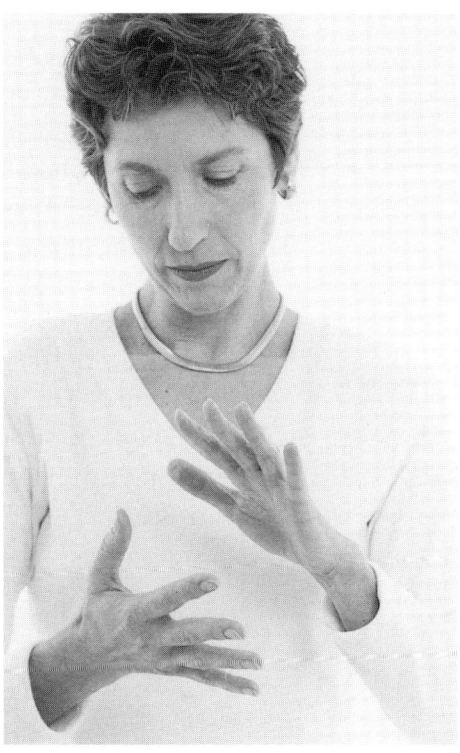

Je besser Sie Ihren Körper und seine Grenzen wahrnehmen können, desto eher können Sie sich auch schützen, weil Sie sich ja bewusster spüren. Und Sie vermögen sich auch deutlicher abzugrenzen. Fragen Sie sich und Ihren Körper doch einmal:

Wo höre ich auf und wo fängt der andere an?

Man könnte auch fragen: Wo fangen Sie an und wo hört Ihr Partner auf – wo fühlen Sie sich beengt durch ihn – auf welcher Körperseite – wo spüren Sie überhaupt nicht Ihre oder seine Grenzen – wo vermissen Sie sein Da-Sein – was würde passieren, wenn Sie Ihre Grenzen ein wenig verschieben würden – wie geht jeweils Ihre Atembewegung? Experimentieren Sie damit in verschiedenen Alltagssituationen. Sie steigern dadurch Ihr Körperbewusstsein, und außerdem fällt es Ihnen leichter, zu Ihren Bedürfnissen (etwa nach mehr Raum oder Abgrenzung) zu stehen.

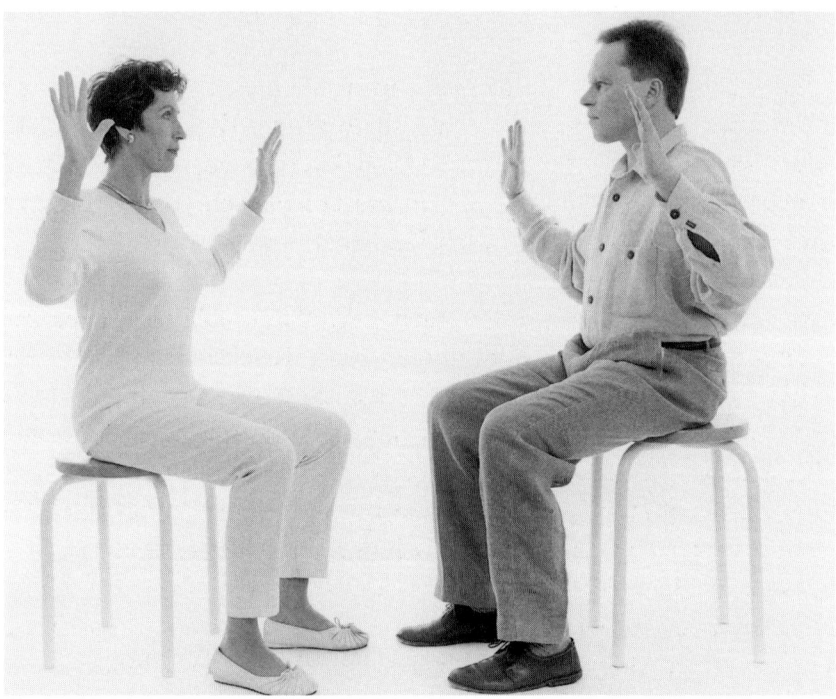

172

Versuchen Sie auch, sich unbewusst ablaufender Vorgänge hinsichtlich Ihrer gegenseitigen Grenzen bewusst zu werden: Sitzen Sie zum Beispiel mit jemandem am Tisch, so beansprucht jeder automatisch die Hälfte davon.

Stellen Sie sich nun einmal folgende Begebenheit vor: Sie sitzen mit Ihrem Partner am heimischen Esstisch, und er rückt seinen Teller, sein Besteck etc. zunehmend weiter in Ihr »Revier«. Was empfinden Sie? Zunächst fühlen Sie sich vermutlich bedrängt oder gestört und Sie denken vielleicht: »Nie kann man gemütlich essen.« Als Nächstes wehren Sie sich: »Musst du dich immer so dick und fett machen?« Er: »Wieso, was ist denn?« Sie: »Ich finde dich rücksichtslos! Merkst du nicht, wie breit du dich machst?! Wenn ich mich mal so ausbreiten würde wie du!« – »Na, dann tu's doch.« Sie tun es und schieben alles, was auf Ihrem Platz liegt, in sein Revier. Als Reaktion darauf steht er mit seinem gefüllten Teller auf – und isst im Wohnzimmer. Sie bleiben allein am Tisch zurück, den Sie jetzt zwar ganz für sich haben, aber nun werden Sie von Schuldgefühlen beschlichen ... und keinem von Ihnen beiden schmeckt das Essen, weil die Atmosphäre vergiftet ist.

Nein, natürlich reagieren Sie anders – denn Sie haben ja Kapitel 5 gelesen! Was uns dieses Beispiel jedoch deutlich zeigt: Wenn einer nicht die (unsichtbaren) Grenzen des anderen respektiert, kann es sehr schnell zu Missstimmungen, Anschuldigungen, Projektionen, Schuldgefühlen und insgesamt zu einem destruktiven Verhalten kommen.

Und wie ist es mit der gegenseitigen Rücksichtnahme? Wenn wir in einer gemeinsam genutzten Wohnung zu viel Rücksicht nehmen müssen, haben wir leicht das Gefühl, dass wir uns selbst nicht mehr frei bewegen können. Nehmen wir einmal an, dass *sie* sich gern mit Erinnerungsstücken wie Muscheln, Steinen, kleinen Geschenken oder Nippfiguren umgibt. Sie fühlt sich geborgen, wenn sie diese Kleinigkeiten in ihrer Atmosphäre, in ihrem erweiterten »Garten« hat. *Er* hingegen findet solche »Staubfänger« schrecklich, weil er ständig aufpassen muss, wo er hingreift, und keine Lust hat, sich so vorsichtig in der gemeinsamen Wohnung zu bewegen. Außerdem hat er eher das Bedürfnis nach Klarheit und fühlt sich durch all diese Kleinode abgelenkt. Sie findet, dass er auf ihre Bedürfnisse Rücksicht nehmen müsse. Er aber hat das Gefühl, dass er bereits viel zu viel Rücksicht nimmt. Wenn beide so unterschiedliche Neigungen hinsichtlich ihrer Raumdekoration haben, helfen nur noch Kompromisse und viel Humor weiter. Sollten Sie sich in diesem Moment fragen, wie Sie denn Ihr Raumproblem »mit Humor« lösen können, habe ich ein nettes Beispiel für Sie:

Mein Partner und ich stellten schon bald nach unserem Einzug in die gemeinsame Wohnung fest, dass wir dazu tendierten, uns tagsüber des Öfteren gleichzeitig in der Küche einzufinden (wir arbeiten beide vorwiegend zu Hause). Genauer gesagt, pflegten wir uns in einem zirka 1,50 qm großen Bereich innerhalb der 20 qm großen Küche zu treffen. Zum besseren Vorstellungsvermögen: In der Mitte der Wand befindet sich das Abwaschbecken, darüber der Schrank mit Gläsern und Tassen, rechts daneben der Kühlschrank und das Geschirr und links neben dem Abwaschbecken der Schrank mit Tee und Gewürzen, verbunden mit der Anrichte sowie der Besteckschublade.

Es geschah also immer wieder, dass einer von uns gerade sein Müsli zubereitete und dazu mal schnell die Sahne aus dem Kühlschrank holen wollte, während der andere sich einen Tee machte und dafür einen Löffel brauchte. Es passierte regelmäßig, dass wir uns häufig gegenseitig beinahe auf die Füße traten oder unsere Arme sich kreuzten, damit wir an die jeweiligen Schränke und Schubladen kamen. Aufkeimende Aggression kündigte sich am Horizont an.

Doch dann sprachen wir über unser gegenseitiges beengtes Gefühl. Wir beschlossen, die ganze Sache zu akzeptieren, und prägten die – humorvoll gemeinte – Redensart: »Auf engstem Raum«. Sie können sich vielleicht vorstellen, welche Spiele der Komik – unter der Äußerung »Auf engstem Raum« anschließend daraus entstanden, und wir finden die Sache auch heute noch belustigend und in keiner Weise mehr Aggressionen auslösend. Humor kann also helfen, unsere Blickwinkel entscheidend zu verändern.

Neue Blickwinkel (buchstäblich) erhalten Sie auch dadurch, dass Sie einmal Ihre gewohnten Plätze tauschen: den Platz am Steuer, einen bestimmten Sitzplatz am Ess- oder Wohnzimmertisch, die Lieblingsseite im gemeinsamen Bett etc. Sie halten dadurch Ihr Gespür für Raum wach, erleben Ihren Partner von »seiner anderen Seite« und machen bestimmt noch weitere interessante Entdeckungen. Nichts ist tödlicher für eine Beziehung als festgefahrene Gewohnheiten und automatisch ablaufende Inbesitznahme von Räumen oder der Anspruch auf bestimme Plätze! Werden Sie sich der Gewohnheiten, die bei Ihnen beiden mit der Zeit »Platz genommen« haben, bewusst, und entscheiden Sie sich immer wieder neu und frei für die eine oder andere Variante. Gut geeignet, um mit Raum und Grenzen gemeinsam spielerisch umzugehen, ist auch die folgende Begegnung:

Das »Fußgespräch«

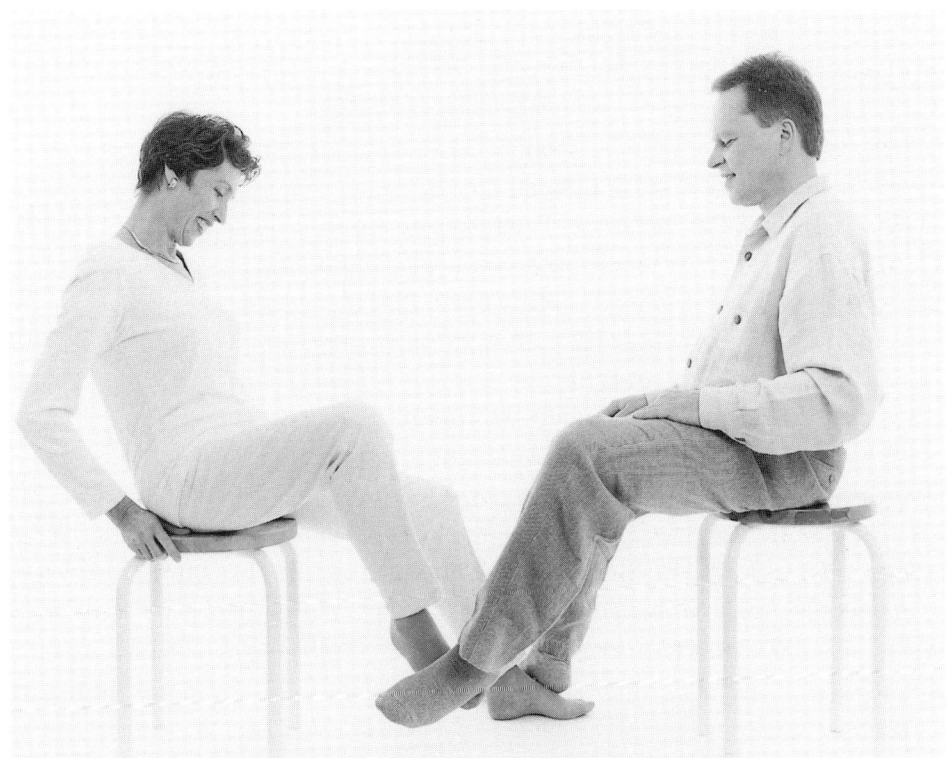

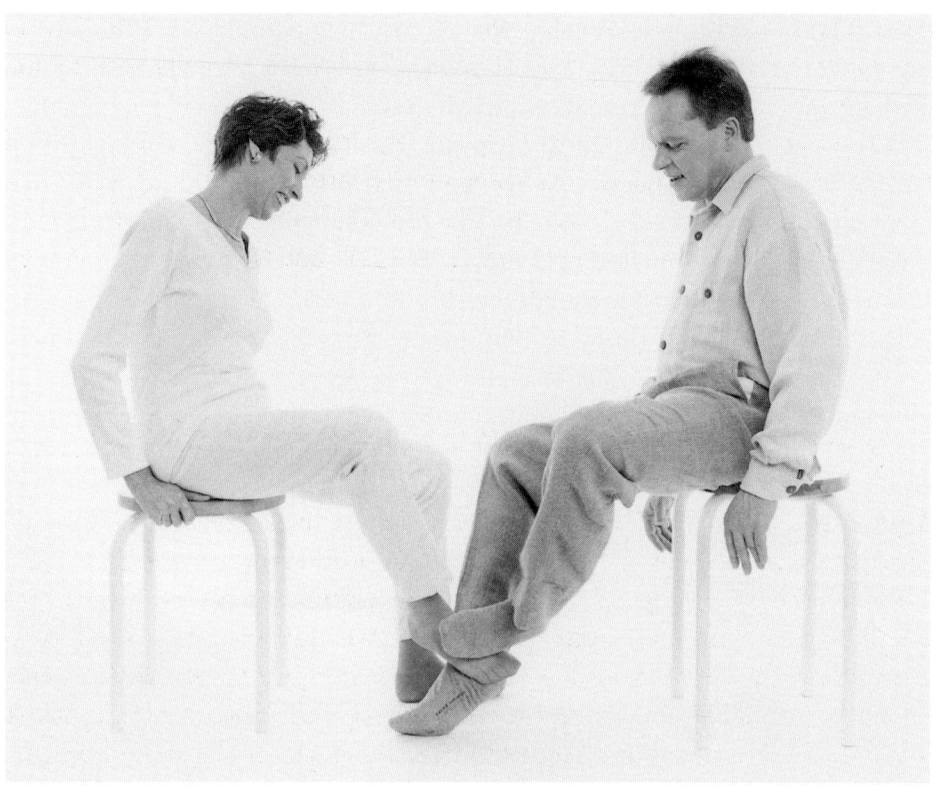

Sie sitzen voreinander. Nun lassen Sie Ihre Füße miteinander »sprechen«, indem Sie etwa einen Fuß zum Partner hinbewegen und seine Füße – noch ohne Berührung – »beschnuppern«. Sie können Ihre Füße auch vom Boden abheben. Mit der Zeit werden Berührungen entstehen, die bis zum Fußgelenk reichen können. Ihrer Kreativität sind keine Grenzen gesetzt!

Erweitern Sie auch Ihren Blickwinkel bezüglich Ihres (gemeinsamen) Gespürs für Räume: In welchen Räumen möchten Sie gern bestimmte Gespräche führen oder spezielle Tätigkeiten ausüben? Machen Sie zum Beispiel Ihr gemeinsames Schlafzimmer zum Schlaf- und Liebestempel und verbannen Sie daraus Streit und hitzige Diskussionen. Weshalb? Spüren Sie einmal die Atmosphäre in Kirchen oder anderen Räumen, in welchen immer nur ganz bestimmte Betätigungen, Rituale etc. ausgeführt werden. Sie werden vielleicht merken, dass solche Räume die dort praktizierten Handlungen atmosphärisch ausstrahlen, so als hätten die Wände die jeweilige Stimmung aufgesogen!

Fragen Sie sich auch, wann es besser ist, den Raum zu wechseln, und wann es nötig wird, »dicke Luft« aus dem Fenster zu lassen. Auch wenn Sie noch so liebe Freunde zu Besuch hatten: Lüften Sie anschließend Ihren unmittelbaren »Lebensraum« gut durch, um ihn mit Ihrer »eigenen Atmosphäre« wieder füllen zu können.

Stellen Sie sich – der Welt und Ihrem Partner

»Und welche Meinung hast du? Äh, weiß ich nicht, mhh, dieselbe wie er.« Himbeereis mit Sahne, gut verrührt – was war einmal das Eis, was die Sahne? Harmonie in der Partnerschaft ist etwas Wunderbares, und wir sollten natürlich auch ein friedliches Zusammenleben anstreben. Dennoch sind gelegentliche Auseinandersetzungen kein Widerspruch. Sie helfen, Ihre verschiedenen Standpunkte aufs Neue zu klären, und wirken auf diese Weise erfrischend und erneuernd auf die Beziehung. Je mehr Sie über Ihre unterschiedlichen Meinungen wissen und je besser Sie einschätzen können, was Ihr/e PartnerIn empfindet und fühlt, desto freier können Sie sich auch innerhalb Ihrer Beziehung – und der gemeinsamen Räume – bewegen. Wie bereits erwähnt, müssen wir uns immer wieder einen Anstoß für solch klärende Gespräche geben, und sie erfordern meistens eine gehörige Portion Mut. Doch das lohnt sich, denn:

> Je mehr Sie mutig zu sich selber stehen, »sich stellen«,
> desto eher wird ein wunderbares Geschenk
> zwischen Ihnen beiden geboren: »Das Dritte«.

Was auf der materiellen Ebene die Befruchtung und das gemeinsame Kind bedeuten, ist auf vielen anderen Ebenen die Kreativität – in mehrfacher Hinsicht. Gemeinsam kreieren Sie ein leckeres Gericht, haben zündende Ideen, erleben humorvolle Episoden, ein wunderbar sich ergänzendes Gespräch mit lieben Freunden ... Je mehr Sie zu sich selbst stehen und sich der Welt »stellen«, das heißt sich vollbewusst mit allem zeigen, was Sie sind und haben, desto mehr sind Sie auch mit Ihrem gesamten Potential für den Partner und andere fassbar. Sie »ver-stellen« sich nicht. Doch dafür müssen Sie auch gelernt haben, Ihre Grenzen sowohl zu zeigen als auch zu erweitern bzw. immer wieder neu abzustecken. Bleiben Sie also fortwährend im Kontakt mit sich selbst, setzen Sie dem Außen ein eigenständiges Innen entgegen, und tun Sie's mit Gefühl, Körper und Atem! Die folgende Übung macht Mut, über die eigenen Grenzen hinauszugehen.

Der Vokal »**E**«. Das Üben geht genauso wie mit dem **U** (siehe Seite 65f.) oder **O** (Seite 139) Das **E** bringt Erweiterung in den Flanken (die Körperseiten von der Achselhöhle bis zur Taille) und hilft Ihnen, leichter in die Extraversion zu kommen, das heißt, sich besser nach außen hin zu orientieren. Das **E** ist sozusagen der Gegenpol zum **O**. Sie können damit sogar Schüchternheit überwinden!

7

Weniger Stress – mehr Zeit

Verwirklichen Sie gemeinsam Ihre Träume!

In der Partnerschaft körperbewusster miteinander leben: Eine unabdingbare Voraussetzung dafür ist es, auch genügend Zeit miteinander zu verbringen! Wir brauchen Zeit, um uns in Ruhe sowohl uns selbst wahrnehmen als auch in unseren Partner einfühlen zu können. Wir brauchen Zeit, um uns gegenseitig zu spüren, um uns zu berühren: körperlich, psychisch, seelisch, geistig.

Mehr Zeit für die Liebe

Im letzten Kapitel sprachen wir bereits über die weit reichende Bedeutung der Berührung. Räumen Sie ihr also ein gehöriges Stück Zeit ein! Wir brauchen natürlich auch Zeit, um unsere Liebesgefühle entsprechend ausdrücken zu können. Wie gut tut es, diesen wunderbaren, aufregenden Wärmestrom im Herzen, im Bauch, im gesamten Körper wahrzunehmen, wenn wir »Ich liebe dich« sagen – und so tief empfunden kommt es eben dann auch bei unserem/r Liebsten an! Psychologen haben übrigens herausgefunden, dass Paare, die sich im Laufe des Tages öfter einmal küssen, auch

179

ansonsten liebevoller miteinander umgehen und auch häufiger Sex miteinander haben.

Aber wie sieht es heute in den Partnerschaften mit der gemeinsam verbrachten Zeit aus? Obwohl bei den »Glücksfaktoren« (gleich hinter der Gesundheit mit 98 Prozent) eine harmonische Partnerschaft mit 91 Prozent sowie sexuelle Zufriedenheit mit 73 Prozent genannt werden[30], sind doch sehr viele Paare unglücklich, weil sie es nicht fertig bringen, genügend Zeit füreinander einzurichten. Neben mangelnder körperlicher Berührung gibt es nur selten Klärungsgespräche. Falls Kinder da sind, tun die vielfältigen Verpflichtungen des Familienlebens ein Übriges. Es wird viel »geschluckt«, steigt dann aber in aggressiver Form wieder an die Oberfläche oder Depressionen stellen sich ein. Die Folge: Man spürt sich gegenseitig zunehmend weniger und lebt schließlich nur noch frustriert und beziehungslos nebeneinander (und sich bald auseinander).

Die Liebe braucht Zeit.

In diesem Buch haben wir das Phänomen »gemeinsame Zeit« hie und da bereits gestreift: Sie konnten sich mittels des Fragenkatalogs auf Seite 80 über Ihre Beziehung ein paar grundsätzliche Gedanken machen, zum Beispiel über Ihre persönlichen Stärken und Schwächen, über Ihre gegenseitigen Erwartungen oder über den Magnetismus in Ihrer Beziehung. Vielleicht sind Sie aber auch auf ein gemeinsames Zeitproblem gestoßen, als Sie sich mit der Frage beschäftigt haben, von welchen Gefühlen Ihre Beziehung eigentlich getragen ist (Seite 126), oder mit der Frage, welche Zentralidee Sie beide verfolgen (Seite 111). Möglicherweise tauchte aber auch für Sie die Zeitfrage auf, als Sie überlegten, welche Tätigkeiten Sie gern allein oder lieber zu zweit unternehmen würden (Seite 156ff.). Wie auch immer: Wenn Sie in diesen Punkten etwas ändern möchten, sollten Sie in drei Schritten vorgehen: erst einmal – allein oder gemeinsam – Ihren Jetzt-Zustand analysieren, anschließend die erwünschten Veränderungen planen und sie dann erfolgreich umsetzen.

Analysieren statt Paralysieren

Fragen Sie sich einmal:

▶ Was bringe ich in meine Partnerschaft ein? Was habe ich heute oder gestern für meine Partnerschaft getan? Was letzte Woche? Was im letzten Monat, im letzten halben Jahr?

Gerade wenn wir mit unserem Partner/unserer Partnerin bereits längere Zeit zusammenleben, gehen wir leicht nachlässig mit unserer gemeinsamen Zeit um – er oder sie ist ja sowieso immer zuverlässig zu Hause. Und die Einsicht: »Hätte ich mich doch mehr um unsere Beziehung gekümmert« kommt leider häufig zu spät. Fragen Sie sich nun:

▶ Was tun wir in der gemeinsam verbrachten Zeit (und wofür verwenden wir unsere Energie)? Wie sind die prozentualen Verhältnisse von: Essen (zubereiten), schlafen, ruhen, (Tages-)Erlebnisse austauschen, Weiterbildung, Alltagsaufgaben besprechen oder ausüben, Probleme diskutieren, Freizeittätigkeiten wie Sport treiben, spazieren gehen, gemeinsame Hobbys pflegen, ausgehen, spielen, fernsehen, sich berühren, lieben, schmusen, sich massieren, Atemübungen machen, nutzlose, das heißt überflüssige Beschäftigungen, etc.?

Wie (er)leben Sie diese gemeinsame Zeit? Gefällt Ihnen das so oder hätten Sie gern eine andere Zeitaufteilung? Fragen Sie sich auch, warum Sie so leben, wie Sie es gerade tun. Lassen Sie sich nicht passiv »von der Zeit leben«!

Übernehmen Sie die Verantwortung für Ihre gemeinsame Zeit.

Noch ein Wort zu dem Begriff »nutzlose« Beschäftigungen: Wir sollten immer wieder sehr fein unterscheiden, was dazu dient, uns zu regenerieren und aufzubauen, oder was eher dazu führt, die Zeit einfach nur »totzuschlagen«. So kann ein gemeinsames Kartenspiel oder Fernsehen sich einmal in die eine, ein anderes Mal in die andere Richtung auswirken. Sich ganz in eine Sache zu vertiefen kann – wie wir das häufig bei Kindern sehen – froh stimmen und helfen, gemeinsam loszulassen. Fragen Sie sich also immer wieder neu:

Womit vergeuden Sie sinnlos Zeit und Energie? Mit Sichärgern, dass etwas nicht so geklappt hat, wie Sie es wollten? Mit unnützem Streiten? Mit Ungeduld im Stau? Schade um die schöne Energie! Verwenden Sie sie doch lieber dazu, um sich in derselben Zeit positiv auf Ihre neuen Ziele einzustimmen! Oder – lächeln Sie doch einfach mal ...

∾ *Lächeln*

Lächeln Sie öfter einmal Ihren Körper von innen her liebevoll an und spüren Sie ihn dabei. Wie beeinflusst das Ihre Atembewegung? Lächeln bewirkt sofort eine ganzheitliche Atembewegung und vermittelt Ihnen nicht nur Weite und Wohlgefühl, sondern wirkt sich auch höchst förderlich auf Ihre Gesundheit aus. Und es hebt entscheidend Ihre Stimmung, denn Ihre Laune passt sich dem körperlichen Ausdruck an!

Es könnte auch sein, dass Ihnen das Lächeln vermittelt, sich öfter mehr Zeit zum Ausruhen zu gönnen. Vielleicht kennen Sie ja dieses weit verbreitete Phänomen, ganz schnell ein »schlechtes Gewissen« zu bekommen, wenn Sie einmal »faul« sind und »fünf gerade« sein lassen. Warum ist das eigentlich so? In unserer Leistungsgesellschaft muss eben alles schnell gehen und gut funktionieren. Menschen, die Tag und Nacht ohne Pause arbeiten, werden sogar bewundert und als tugendhaft hingestellt – nur – ist es dann noch möglich, eine glückliche und erfüllte Beziehung zu leben? Das fast altmodisch gewordene Wort »Muße« beispielsweise wird heute leicht mit dem negativ besetzten Wort »Müßiggänger« gleichgesetzt. Entwickeln Sie also erst recht:

Mut zur Muße!

Wie sich an den oben genannten Fragen unschwer erkennen lässt: Unsere Haltung und Einstellung zur gelebten Zeit ist genauso wichtig wie eine gute Zeiteinteilung!

Das Gleiche trifft auf das heute immer häufiger zitierte Phänomen »Stress« zu. Doch: Je besser Sie sich selbst managen können, desto effektiver können

182

Sie auch Ihre Zeit managen. Wer sich beklagt, dass er »zu viel« zu tun hat, ist nicht wirklich »Herr – oder Frau – im Hause«. Er hat sich nicht selbst in der Hand und kreiert sich im Grunde genommen seinen Stress selbst. Grundsätzlich gilt also: Je mehr Selbstbewusstsein ein Mensch hat, desto besser kann er auch mit Belastungen umgehen, das heißt gut für sich selber sorgen.

Wir müssen übrigens zwischen zwei Arten von Stress unterscheiden: zum einen vom sogenannten *Disstress*, der sich schädlich auswirkt, weil Sie zu seiner Bewältigung nicht über genügend Ressourcen verfügen. Zum anderen vom *Eustress*, der gut für Sie ist: Sie fühlen sich in gesundem Maße (heraus)gefordert, denn Sie verfügen über die nötigen Ressourcen, um ihn zu bewältigen. Jeder Mensch braucht seine tägliche Portion Eustress, denn wie langweilig wäre das Leben ohne Herausforderungen! In einem solchen Zustand entwickeln Sie übrigens Bio-Endorphine, das sind »Glückshormone«, die zum Beispiel auch bei großen sportlichen Leistungen ausgeschüttet werden und zu außerordentlichen Glücksgefühlen führen.

Bei Disstress hingegen ist Ihre psychische und/oder physische Verfassung beeinträchtigt, Zeitdruck und Hetze oder auch Sich-nutzlos-Fühlen (Arbeitslosigkeit!) schaden Ihnen und bringen Leiden wie Kopfschmerzen, Kreislaufprobleme, Verdauungsbeschwerden, Schlafstörungen, Atembeschwerden oder Nervosität, Konzentrationsstörungen, Ängste, Depressionen etc. Disstress ist also nicht nur ein Feind für Ihre Gesundheit, sondern auch für Ihre Beziehung. Überlegen Sie also:

Welche Herausforderungen machen uns glücklich?

Hier eine besonders geeignete Atemübung für kurzfristige Stressbewältigung:

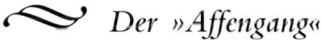 *Der »Affengang«*

Überwinden Sie sich, beispielsweise vom Schreibtisch aufzustehen, und wandeln Sie ein paar Schritte im »Affengang« durch den Raum. Das geht folgendermaßen: Lassen Sie Kopf und Arme vom Kreuzbein aus nach unten hängen, richten Sie Ihre Fußspitzen nach innen und beginnen Sie dann, wie die Menschenaffen zu laufen, indem Sie langsam einen Fuß vor den anderen setzen. Heben Sie dabei gut Ihre Knie, und lassen Sie Arme und Kopf immer möglichst locker baumeln. Der Affengang hilft besonders gut, den Rücken zu lösen, und erfrischt damit ganzheitlich.

Nun überlegen Sie sich:

▶ Was möchte ich/was möchten wir gerne ändern? Zu zweit fällt es meistens leichter, Änderungen im Lebensstil vorzunehmen. Viele Paare wollen zum Beispiel gesünder leben: Sie möchten vielleicht mehr Sport treiben oder »den Winterspeck« loswerden. Prüfen Sie besonders gründlich, was Ihr Körper braucht, denn schließlich bildet er ja die Basis für jegliches Wohlfühlen:

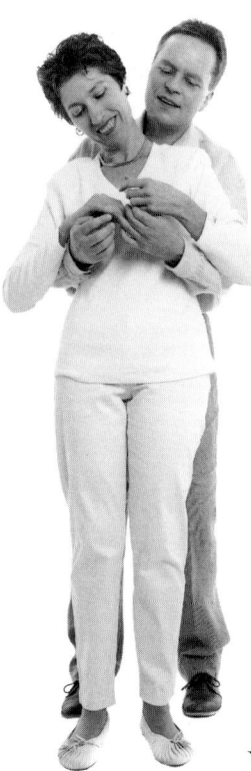

Fragen Sie Ihren Körper!

Sorgen Sie für genügend Schlaf? Die Stunden vor Mitternacht bringen tatsächlich die größte Erholung – auch wenn es einige Disziplin erfordert, so früh ins Bett zu steigen ... Gönnen Sie sich ausreichend Ruhe, leichte und Energie bringende Ernährung, viel Bewegung, Berührung und Zärtlichkeit?

Je mehr Körperbewusstsein durch »das Verbindende« angesprochen wird, desto weniger besteht das Risiko, sich auseinander zu leben!

Und was ist zu tun, wenn Sie beispielsweise beide den Wunsch hegen, mehr Zeit miteinander für Gespräche, Meditation, Sex etc. zu verbringen, jedoch berufsbedingt oder wegen der vielen kleinen Alltagsarbeiten keine Möglichkeit dazu sehen? Dann sollten Sie erst einmal prüfen, was Ihnen im Leben wirklich wichtig ist, welche gemeinsamen Ziele Sie eigentlich haben, und daraufhin die Wertigkeiten anders gewichten:

▶ Welche gemeinsamen Ziele haben wir? Was verbindet uns? Was verbindet Sie und unterscheidet Sie beide merklich von anderen Paaren? Gibt es eine Art »gelebte Identität« als Paar – oder welche Möglichkeiten gäbe es dafür? Was ist tragend in Ihrer Beziehung, was schadet ihr? Wenn das gemeinsame Thema lediglich »Spiel und Spaß« lautet, wird man sich mit der Zeit eventuell nicht mehr viel zu sagen haben, oder wollen Sie etwa nicht gemeinsam und glücklich alt werden? Auch wenn das vielleicht noch lange hin ist, lohnt es sich, sich einmal Gedanken darüber zu machen (wir verdrängen ja so gern das Altern und die damit verbundenen Konsequenzen ...)

> »Einer der Hauptgründe für ein unbefriedigtes Leben
> ist die fehlende Zielsetzung.« (Volkmar Stangier)

Fragen Sie sich, welche kleinen und großen Ziele Sie für sich selbst haben und welche Ziele Ihr Partner verfolgt. Wo gibt es Übereinstimmungen? Würdigen Sie allerdings auch die Unterschiede, und gönnen Sie beispielsweise *ihr* das Karatetraining oder *ihm* seinen wöchentlichen Ausflug in den Botanischen Garten, selbst wenn Sie sich selber nicht dafür begeistern können.

In jedem Fall ist es lohnenswert, sich über mögliche Diskrepanzen auszutauschen. Solche Zielgespräche bringen nicht nur unterschiedliche Auffassungen deutlicher zutage, sondern sie bieten auch die Chance, den Wunsch nach Veränderung zu äußern.

Ebenfalls wichtig ist in der Partnerschaft die Klärung weltanschaulicher Themen – wie etwa Glaubensfragen. Aus unseren Grundauffassungen beziehen wir Halt, Vertrauen und Mut zum Leben. Hier sollten Sie bereits frühzeitig nach möglichen Übereinstimmungen forschen, um spätere Enttäuschungen zu vermeiden. Welche Prinzipien und Werte verfolgen Sie jeweils? Was gibt Ihnen im Leben Führung?

Fragen Sie sich gründlich, welche Ziele Ihnen so wichtig sind, dass Sie bereit waren, dafür Opfer zu bringen – für welche Ziele »brennen« Sie? Manchen Menschen ist beispielsweise ihr Beruf so wichtig, dass sie bereit sind, auf die Gründung einer Familie zu verzichten. Auch in diesem Punkt sollte unbedingt Übereinstimmung herrschen. Es kann ja sein, dass *sie* den

Wunsch hat, möglichst bald Kinder zu bekommen, während *er* schon kurze Zeit nach dem ersten Kennenlernen zum Ausdruck bringt, dass er grundsätzlich von stärkerem beruflichen Engagement und einem Leben zu zweit träumt. Dann kann sie zwar immer noch hoffen, dass er seine Meinung im Laufe der Zeit oder durch Heirat ändert, aber sie darf auf keinen Fall damit rechnen oder ihm gar diesbezügliche Vorwürfe machen. (Dass Frauen denken: »Ich krieg ihn schon noch rum«, passiert leider gar nicht so selten ...)

Äußern Sie (rechtzeitig) alle Ihre Bedürfnisse, Träume und Wünsche!

Ziele, von denen Sie ständig träumen und die Sie – entweder aus eigenen Hemmnissen oder weil Ihr Partner andere Vorstellungen hat – nicht anpacken, können mit der Zeit körperlich und psychisch stark belasten. Sie sollten sich also ganz ehrlich fragen, wie wichtig Ihnen die Verwirklichung dieser Träume ist! Unter Umständen kann dabei auch herauskommen, dass Sie sich gegen eine Partnerschaft mit dem/der »Derzeitigen« entscheiden. Das ist hart, aber besser, als ein Leben lang das Gefühl haben zu müssen, Entscheidendes zu versäumen oder sich selbst nicht verwirklichen zu können!

Schmieden Sie Pläne!

Um herauszubekommen, wie Sie Ihre Ziele am besten erreichen können, sollten Sie die folgenden wichtigen Punkte klären:

▸ Klärung der Ressourcen: Überlegen Sie, welche Fähigkeiten und Fertigkeiten Sie jeweils haben und über welche finanziellen Grundlagen Sie verfügen. Wer von Ihnen kann besonders gut organisieren – wer hat technisches Geschick – wer kann gut verhandeln? Und wann und wie können Sie sich für ein beiderseitiges Wachstum gegenseitig Mut machen?

Statt in der leider viel zu üblichen Kritik und in gegenseitigen Anschuldigungen stecken zu bleiben, könnten Sie (mitfühlend) überlegen, wo sich Ihre Stärken gegenseitig ergänzen und wie sich Ihre jeweiligen Schwächen ausgleichen lassen. Wobei kann ein Partner dem anderen helfen, die Ressourcen zu fördern? Vielleicht braucht einer von dem anderen spezielle Unterstützung, um zum Beispiel in beruflicher Hinsicht erfolgreich zu werden.

Machen Sie ein kreatives »brainstorming«: Was könnte die Zielerreichung fördern – und was könnte sie hindern?

Je ehrlicher Sie mit sich umgehen, desto realistischer lässt sich Ihr Ziel auch umsetzen. Vielleicht müssen Sie es ja doch noch in der einen oder anderen Weise abändern.

▶ Aufstellen der gemeinsamen Ziele: Wenn Sie Ihre gemeinsamen Ziele planen, unterteilen Sie sie am besten in kurzfristige, mittel- und längerfristige Ziele. Sie könnten zum Beispiel erst einmal alle Ihre Ideen sammeln und dann überlegen, welche Ziele Sie in drei und in sechs Monaten sowie in einem Jahr erreichen wollen. Mittelfristige Ziele bewegen sich zwischen ein bis drei Jahren und langfristige zwischen drei bis fünf (oder mehr) Jahren. Am besten schreiben Sie Ihre Ziele auf, weil Sie sie dann klar und eindeutig formulieren müssen. Das macht Ihnen auch bewusst, was wirklich wichtig ist, und hilft Ihnen, sich besser in gegenwärtige und zukünftige Aufgaben hineinzudenken. Außerdem haben Sie Ihren Kopf – und mehr Energien zur Zielerreichung – frei, was die spätere Zielkontrolle erleichtert. Denn:

»Wer nicht genau weiß, wohin er will, braucht sich nicht zu wundern, wenn er ganz woanders ankommt.« (Robert F. Mager)

Bedenken Sie: *Zeichen eines guten Zeitmanagements ist es, wenn Sie nur so viel Zeit und Energie investieren, wie Sie zur Bewältigung einer Situation brauchen!* Alles andere ist unnötiger Energieverlust – auch Grübeln und jegliche Ablenkungsmanöver. Versuchen Sie aber nicht gleich, sofort alles ändern zu wollen! Es ist ratsam, mit weniger und nicht so hoch gesteckten Zielen zu beginnen, denn so vergrößert sich die Chance, sie auch zu erreichen.

Ein realistisch geplantes Ziel sollte erreichbar,
positiv formuliert und messbar sein.

Setzen Sie rigoros Prioritäten! Was ist Ihnen am wichtigsten? Was *muss* getan werden, was *kann* getan werden, was *möchten* Sie gerne tun? Was hat noch wie lange Zeit, was ist dringend, was ist wichtig? Bedenken Sie, dass »dringend« und »wichtig« nicht unbedingt dasselbe sein muss: *Dringend* sind Aufgaben, die drängen, zum Beispiel die Steuererklärung rechtzeitig abzugeben oder Klärungsgespräche. *Wichtig* sind Tätigkeiten, die Ihrer gemeinsamen Entwicklung dienen, wie regelmäßige Erholung und Bewegung oder Beziehungen zu pflegen.

Geben Sie den wichtigen Dingen genug Zeit und Raum!

Gehen Sie auch nie »faule« Kompromisse ein: Sich zu etwas gedrängt fühlen, nur halbherzig Zielen zustimmen (etwa um des »lieben Friedens« willen oder um geliebt zu werden) rächt sich früher oder später immer! Viele Menschen leben in dem Trugschluss, dass es egoistisch sei, nach Selbsterfüllung zu suchen. Doch dem ist nicht so: Je reicher und erfüllter Sie sich selber fühlen, desto mehr profitiert auch Ihr Partner davon.

▶ Auf dem Weg zum Ziel – Planen von kleinen und großen/längerfristigen Zielen: Beginnen wir mit den *kleinen Zielen*, dem täglich anfallenden »Alltagskram« wie das Verteilen der Arbeiten im Haushalt oder der Geldangelegenheiten.

Meistens werden diese Aufgaben nicht so wichtig genommen. Andererseits bieten sie häufig Anlass zu Unstimmigkeiten und Streitereien. Denn hier berühren wir die schon früh eingeübten – und deshalb gar nicht mehr bewusst reflektierten – Haltungen zu den Themen Ordnung, Sauberkeit, Pünktlichkeit und Höflichkeit bzw. gegenseitige Rücksichtsnahme. Interessanterweise sind das auch alles Dinge, die wir körperlich unmittelbar als angenehm oder unangenehm wahrnehmen und die deshalb auch einen absolut wichtigen (oft viel zu wenig beachteten) Stellenwert einnehmen. Also überlegen Sie, wie sich diese Arbeiten – vielleicht sogar lustvoller – zwischen Ihnen beiden aufteilen lassen.

Und die *größeren und längerfristigeren* Ziele? Hier sollten Sie zusehen, dass Sie genügend Teilziele in Ihre Planung einbauen. Stellen Sie sich einmal vor, Sie hätten einen Berg von 1000 Meter Höhe vor sich. Bestimmt würden Sie ihn nicht besteigen, ohne ausreichende Ruhepausen einzulegen. Sie würden sich also den Aufstieg in kleinere, gut zu bewältigende Etappen einteilen. Aber was sehen wir stattdessen alle Jahre wieder um uns herum (oder bei uns selbst)? Die meisten von uns enttäuschen sich selbst mit ihren guten Neujahrsvorsätzen, weil sie sich viel zu viel auf einmal vornehmen und außerdem nicht beachten, dass eine gebührende Belohnung – auch für kleine Fortschritte – die Selbstbestätigung enorm fördert (und damit auch motiviert – wir reagieren nämlich in dieser Hinsicht immer noch wie Kinder).

Je besser Sie Ihre großen Ziele in kleinere Teilziele mit dementsprechenden Belohnungen aufteilen, umso eher werden Sie auch »dranbleiben« können.

Bleiben Sie dran!

Wenn Sie sich nun entschieden haben, Ihre Ziele auch zu erreichen, sollten Sie natürlich zusehen, dass Sie trotz äußerer Ablenkungen an einmal gefassten Entschlüssen festhalten! Werden Sie dabei aber auch nicht starrsinnig, sondern erlauben Sie sich genügend Lust und Freude auf dem Weg – und vergessen Sie vor lauter Zielsetzung nicht, im Jetzt zu leben. Spontaneität und Lebensqualität sollten auf keinen Fall darunter leiden!

Über den Körper vermitteltes Wohlgefühl hilft besonders, besser durchzuhalten!

Müßig ist es, sich gegenseitig Vorwürfe zu machen, wenn einer von Ihnen – aus welchem Grund auch immer – die gesteckten Zwischenziele nicht erreicht hat. Erforschen Sie lieber gemeinsam, woran das lag: Haben Sie Ihr Ziel einem höheren Wert untergeordnet – brauchte jemand aus Ihrem Bekanntenkreis dringend Ihre Hilfe – oder haben Sie Ihr Ziel nicht mit genügend Selbstliebe und Selbstbewusstsein umgesetzt?

In allen diesen – und ähnlichen – Fällen müssen Sie sich vielleicht auch einen eigenen Plan aufstellen. Auf jeden Fall sollten Sie sich neu abstimmen und anders koordinieren. Klären Sie immer wieder Ihre Erwartungen (und üben Sie auch genügend Selbstkritik). Manchmal müssen Sie sich täglich zweimal absprechen, manchmal reicht es in der

Woche einmal. Vielleicht beschließen Sie, für den verabredeten Zeitraum Ihre üblichen Kontakte mit Freunden einzuschränken, um erfolgreich zum gewünschten Ergebnis zu kommen. Üben Sie Flexibilität, umso wohler fühlen Sie sich beide.

Betrachten Sie auch Rückschläge und Umwege immer als Lernerfahrung und ärgern Sie sich nicht (»Nicht ärgern, nur wundern«, sagten schon unsere Großmütter). Nicht selten müssen »Durststrecken« überwunden und gelegentlich auftauchene Verunsicherungen sowie ein gewisser Unwille ertragen werden. Trösten Sie sich damit, wie schön das Gefühl ist, wenn Sie Ihr Ziel endlich erreicht haben. Sie werden gestärkt daraus hervorgehen! Nur Sie selbst haben die Freiheit, zu wählen, wie Sie Ihre Erfahrungen einordnen wollen.

▶ Was motiviert am besten? So individuell diese Angelegenheit auch sein mag, gibt es doch ein paar allgemein gültige »Beweger«:

- Freude und Vorfreude
- Mehr Zeit und Energie für das, was Sie beide wirklich interessiert
- Volles Ausschöpfen der beiderseitigen Ressourcen
- Schulung von Geduld, Ausdauer, Wille, Disziplin, Selbstbeherrschung, Selbstbeobachtung, Flexibilität, Handlungsbereitschaft, Kooperation etc.

Vergessen Sie vor allem nicht, sich mit kleinen Gesten zu belohnen: Vielleicht gönnen Sie sich ein leckeres Eis oder finden im nächsten Blumenladen eine Blüte, die nur auf Sie gewartet hat? Und dann winken ja da auch noch die »großen« Belohnungen: Denken Sie lieber mehr an den Gewinn, den Sie durch die Zielerreichung haben werden als an den dazu geleisteten Verzicht. Entwickeln Sie Begeisterungsfähigkeit für Ihr Ziel und malen Sie es sich in den schönsten Farben aus. Denn: Wir sind immer von dem umgeben, woran wir denken.

> Der Erfolg wird Ihnen Mut machen,
> sich immer wieder neue Ziele zu stecken.

Eine Übung, die das Erreichen von Zielen außerordentlich gut unterstützt, kennen wir aus dem Sport: Eine wachsende Anzahl von Sportlern arbeitet neben dem körperlichen Training mit mentaler Vorstellungskraft. Der Einzelne visualisiert sich immer wieder als erfolgreich und siegreich, und das möglichst realistisch und in allen Einzelheiten – und es bringt ihm tatsächlich Spitzenleistungen! Also:

Leben Sie 24 Stunden Ihr »Traumleben« miteinander!

Nehmen Sie und Ihr/e PartnerIn ganz in Ruhe körperlich und mit allen Sinnen wahr, wie sich Ihr bereits verwirklichtes Ziel anfühlt. Spüren Sie in Ihren Körper hinein: Was empfinden, sehen, hören, was riechen, schmecken Sie? Genießen Sie dieses Wohlgefühl! Welche Gefühle und Gedanken kommen Ihnen dabei? Sie finden dadurch am besten heraus, wo die Hindernisse, aber auch die Hilfen zur Verwirklichung liegen. Erforschen Sie in Ihrer Phantasie spielerisch alle Varianten, Ihrem gemeinsamen »Traumleben« möglichst nahe zu kommen, und versuchen Sie, diese Bilder möglichst stark zu verinnerlichen.

Je öfter und genauer Sie »mit Haut und Haaren« Ihr Ziel auf dem Wege zur Zielerlangung spüren, desto zuverlässiger werden Sie es auch erreichen.

In diesem Sinne wünsche ich Ihnen viel Freude, Liebe und Erfolg bei der Verwirklichung Ihrer Pläne, Wünsche und Träume und all dessen, was Sie sich beim Lesen dieses Buches vorgenommen haben!

192

Danke!

meinem Lebensgefährten *Martin Hömberg*, zum einen für seine unschätzbaren liebevoll-konsequenten Text-Lektorate und zum anderen für seine geduldige Begleitung und Unterstützung, die er mir (nicht nur) während zweier Urlaubsreisen mit Buchmanuskript und Laptop gegeben hat; *Iris Romann*, die mir mit Sachverstand und in ihrer spontan-feinfühligen Weise wunderbare und äußerst hilfreiche Anregungen gab; *Volkmar Stangier*, der in seiner aufbauenden und erfrischenden Art nicht nur hinsichtlich dieses Buches mit zahlreichen wertvollen und motivierenden Hinweisen jederzeit präsent war, wenn ich ihn brauchte; *Tania Hertling*, die sich trotz dicker Grippe aufgerafft hat, diese ausgezeichneten Fotos zu machen; meinem Foto-Partner *Dieter Gebel* für den Spaß, den wir miteinander hatten, uns für einige Stunden zu ver- und dann wieder zu ent-lieben; *Ilse Middendorf*, ohne die dieses Buch gar nicht hätte entstehen können und der ich (wieder einmal) – diesmal auf diesem Wege – einige dicke Rosensträuße schicke; allen, mit denen ich Partnerschaften verschiedenster Art gelebt habe, vor allem meinem ehemaligen Mann *Helge Langguth* sowie den Menschen, die für mich LehrerIn waren, als auch denen, die ich selbst als Lehrende begleitet habe; schließlich ganz besonders meiner Lektorin *Ulrike Reverey*, die mich nicht nur die ganze Zeit über engagiert, einfühlsam und inspirierend begleitet, ermutigt und viele Male zum erleichterten Aufatmen gebracht hat, sondern die auch während der Foto-Sessions eine einzigartige Dreifachrolle als Regisseurin, Maskenbildnerin und Choreografin gespielt hat.

Anhang

Wenn Sie mehr über den »Erfahrbaren Atem« und den Hintergrund der »Körperbewussten Kommunikation nach Veronika Langguth®« wissen wollen ...

»Alle Heilung geht durch den Atem.« (Paracelsus)

Die drei Atemweisen

Wir unterscheiden grundsätzlich zwischen drei Möglichkeiten, mit dem Atem umzugehen:

1. *Unbewusster Atem:* Der Atem bzw. die Atembewegung bleibt unbewusst (wie normalerweise im Alltag auch), Lehrer und Lernende/r nutzen aber die Gesetzmäßigkeiten (z.B. in der Eutonie).
2. *Atemtechniken:* Der Atem wird durch Wille und Vorstellung bewusst geführt und dem jeweiligen Ziel entsprechend willentlich verändert und eingesetzt (z.B. im klassischen Hathayoga, der Bioenergetik, dem Holotropen Atmen).
3. Der *»Erfahrbare Atem nach Prof. Ilse Middendorf®«*: Im »Erfahrbaren Atem« lassen Sie Ihren individuellen Atem frei fließen, wodurch Sie dem »Geheimnis« des Atems und Atmens näher kommen und sich selbst besser kennen lernen. Sie nehmen also die Gesetze Ihrer unbewussten Atemfunktion bewusst, aber unbeeinflusst durch Wille oder Wunsch wahr und erfahren dabei die Urbewegung Ihres Atems. Durch Hingabe und Achtsamkeit wird Ihre Empfindungsfähigkeit ausgebildet, die sich zum Empfindungsbewusstsein ausweitet. Der Erfahrbare Atem richtet sich hierbei immer an das Heile in Ihnen. So werden Ihre Selbstheilungskräfte geweckt und kommunikative Prozesse mit Ihrer Umwelt gefördert.

Der Erfahrbare Atem wurde von Ilse Middendorf begründet und fußt unter anderem auf dem Studium der Atemarbeit von Cornelius Veening. Ilse Middendorf ist heute 88 Jahre alt, entwickelt ihre Arbeit am Erfahrbaren Atem ständig weiter und unterrichtet weltweit – ihre Methode ist mittlerweile international verbreitet. In Deutschland arbeiten ca. 600 Atemtherapeuten des Erfahrbaren Atems, und es existieren fünf anerkannte Ausbildungsinstitute sowie je eines in der Schweiz und in den USA.

Körperbewusste Kommunikation nach Veronika Langguth®

In diesem Buch geht es vorwiegend um eine körperbewusstere Kommunikation für Paare. Die Methode »Körperbewusste Kommunikation nach Veronika Langguth®« habe ich im Laufe der Jahre meiner Tätigkeit als Trainerin für Kommunikation, Stressbewältigung und Persönlichkeitsbildung im Industrie- und Dienstleistungsbereich entwickelt. Die Grundlage dieser Methode bilden Atemübungen des Erfahrbaren Atems und mentale Übungen, die der Sensibilisierung eines gesteigerten (Empfindungs-)Bewusstseins dienen, sowie ausgewählte Methoden der Rhetorik und Gesprächsführung. Auf dieser Basis wird an aktuellen (Konflikt-)Situationen aus dem Arbeitsalltag gearbeitet.

Die Körperbewusste Kommunikation nach Veronika Langguth® geht davon aus, dass alles, was Sie denken und fühlen, körperliche Reaktionen auslöst, welche Sie jedoch in der Regel nur gelegentlich bewusst wahrnehmen. Diese Reaktionen wiederum können das Kommunikationsgeschehen günstig oder ungünstig beeinflussen. Indem Sie sich dieser Gegebenheiten bewusst werden, können Sie gezielt, konstruktiv und von anderen unbemerkt Ihr Körperempfinden und -verhalten beeinflussen sowie Ihre verbalen Äußerungen neu abstimmen – und damit den weiteren Verlauf der Kommunikation für sich selbst und Ihre/n Gesprächspartner optimal gestalten. Ihre Persönlichkeit (personare = durch-tönen) wird sicht- und spürbar und Ihre Aussagen gewinnen an Substanz und Überzeugungskraft.

So finden Sie die Atemübungen

Übungen, die Sie alleine machen können (Seiten 31, 32, 34, 35, 37, 41, 42, 44, 45, 49, 51, 54, 56, 57, 65, 66, 97, 111, 115, 121, 139, 140, 158, 178, 182, 183)

Partnerübungen (Seiten 44, 45, 52, 56, 96, 140, 161, 165, 175)

Tendenziell anregende Übungen (Seiten 52, 54, 65, 66, 165, 175, 178, 183)

Tendenziell beruhigende Übungen (Seiten 32, 37, 41, 42, 44, 45, 65, 66, 97, 115, 121, 139)

Besonders gut für Ihren Rücken (Seiten 34, 37, 49, 51, 52, 111, 161, 165, 183)

Anmerkungen

1 *Der Stern* 13/97, S. 70, 51/97, S. 52

2 Thomas Zacharias: *Drei Komplexe sind normal*, S. 46, Eigenverlag, Nentershausen, 1987

3 Dieter Mattner: »Zur Hermeneutik der Körpersprache«, S. 15, in: *Körpersprache*, Geert Lotzmann (Hrsg.), Ernst Reinhardt Verlag, München, 1993

4 ebd., S. 15

5 *Der Stern* 21/91, S. 118f., und *Der Spiegel* 42/93, S. 113

6 Peter Schellenbaum: *Die Wunde der Ungeliebten*, S. 97, Kösel Verlag, München, 1988; Deutscher Taschenbuch Verlag, München, 1992

7 ebd., S. 123

8 Daniel Goleman: *Emotionale Intelligenz*, Carl Hanser Verlag, München/Wien, 1996

9 C.G. Jung: *Psychologische Typen*, S. 299, Rascher Verlag, 1960

10 *Psychologie heute*, November 1995, S. 24f.

11 Romeo Alavi Kia: *Stimme – Spiegel meines Selbst*, S. 56, Aurum Verlag, Braunschweig, 1951

12 ebd., S. 59

13 C.G. Jung: *Das Seelenproblem des modernen Menschen*, Aufsatz

14 Mira Alfassa, genannt »Die Mutter«: *Der Weg der Befreiung*, S. 24, Sri Aurobindo Ashram Publication, Pondicherry, 1956

15 Schellenbaum, *Die Wunde der Ungeliebten*, a.a.O., S. 13

16 Robert Johnson: *Traumvorstellung Liebe*, S. 13, Knaur Verlag, München, 1987

17 ebd., S. 11

18 Mira Alfassa, genannt »Die Mutter«, in: »Sri Aurobindo und Die Mutter«: *Über die Liebe*, S. 52, Sri Aurobindo Ashram Publication, Pondicherry, 1968

19 Felix G. Berger: *Der G-Punkt*, S. 32 ff., Orion Verlag, Flensburg 1988

20 Helle Gotved: *Beckenboden und Sexualität*, Trias Verlag, Stuttgart, 3. Aufl. 1991

21 Mantak Chia: *Tao Yoga der Liebe*, (Ansata) Scherz Verlag, Bern/München, 5. Aufl. 1990

22 ebd., S. 25

23 Barry Long: *Making Love – Sexual love – the divine way for those who long to make real love*; Infos bei: The Barry Long Foundation, Tel.: 040/89 07 09 07

24 Stephen T. Chang: *Das Tao der Sexualität*, Goldmann Verlag, München, 1997

25 Sri Aurobindo Ashram Trust: *Die Mutter über Erziehung*, S. 41ff., Sri Aurobindo Ashram Publication, Pondicherry, 1952

26 *Der Tagesspiegel* vom 23. 12. 96, S. 21

27 Eugene T. Gendlin: *Focusing*, Rowohlt Verlag, Reinbek b. Hmbg., 1998

28 *Wirtschafts Woche* Nr. 51/97, S. 108

29 Schellenbaum, a.a.O., S. 97

30 *Freundin*, Februar 1998, S. 92

Empfohlene Literatur

Dale Carnegie: *Sorge dich nicht – lebe!*, Scherz Verlag, Bern/München, 1992

Mantak und Maneewan Chia: *Tao Yoga der heilenden Liebe*, (Ansata) Scherz Verlag, Bern/München, 4. Auflage 1990

Stephen R. Covey: *Die sieben Wege zur Effektivität*, Heyne Verlag, München, 1996

Ute Ehrhardt: *Gute Mädchen kommen in den Himmel, böse überall hin*, Krüger Verlag, Frankfurt, 1994

Heiko Ernst: *Die Weisheit des Körpers*, Piper Verlag, München, 3. Aufl. 1997

Richard Heckler: *Von der Weisheit des Körpers lernen*, (Ansata) Scherz Verlag, Bern/München, 1987

Ilse Middendorf: *Der Erfahrbare Atem*, Junfermann Verlag, Paderborn, 1984

Ashley Montagu: *Körperkontakt*, Klett-Cotta Verlag, Stuttgart, 9. Aufl. 1997

Erich Rauch: *Autosuggestion und Heilung*, Haug Verlag, Heidelberg, 6. Aufl. 1994

Werner Rautenberg/Rüdiger Rogoll: *Werde, der du werden kannst*, Herder Verlag, Freiburg, 7. Aufl. 1998

Tom Rusk/D. Patrick Miller: *Partnerschaft statt Konflikt*, Droemer Knaur Verlag, München, 1996

Peter Schellenbaum: *Das Nein in der Liebe*, Deutscher Taschenbuch Verlag, München, 1993

F. Schulz v. Thun: *Miteinander reden*, 1 und 2, Rowohlt Verlag, Reinbek b. Hmbg., 1998

Volkmar Stangier/Peter Engel: *Intuition und Erfolg*, Eigenverlag, Lampertheim, 1997

Deborah Tannen: *Du kannst mich einfach nicht verstehen*, Goldmann Verlag, München, 1996

Deborah Tannen: *Das hab' ich nicht gesagt*, Goldmann Verlag, München, 1997